Das Spiel der Meister

ADAMUS
SAINT-GERMAIN
empfangen
von Geoffrey und Linda Hoppe

Das Spiel der Meister

Wer willst du wirklich sein?
Wähle deine Rolle selbst!

Aus dem Amerikanischen übersetzt
von Wulfing von Rohr

Ansata

Anmerkung zur Übersetzung: Die englische Sprache kennt keine Geschlechterunterscheidung bei der Verwendung von »you«. Wenn die übliche männliche Sprachform gewählt worden ist, meint sie selbstverständlich Leserinnen genauso. Ab und an wurde die weibliche Form vom Übersetzer hinzugenommen.

FSC
www.fsc.org
MIX
Papier aus verantwortungsvollen Quellen
FSC® C014496

Verlagsgruppe Random House
FSC® N001967
Das für dieses Buch verwendete
FSC®-zertifizierte Papier *Munken Premium*
liefert Arctic Paper Munkedals AB, Schweden.

Ansata Verlag
Ansata ist ein Verlag der Verlagsgruppe Random House GmbH.

ISBN 978-3-7787-7479-3

Erste Auflage 2015

Titel des Originals: *Act of Consciousness*

Editorial Coordinator USA: Jean Tinder, Crimson Circle
Redaktion: Suzanne Lebek und Herbert Scheubner
Einbandgestaltung: Guter Punkt, München – Andrea Barth
Umschlagmotiv: Sophie Freiwald – Guter Punkt, München
Gesetzt aus der Sabon von te·ha grafik, draenn@gmail.com
Druck und Bindung: GGP Media GmbH, Pößneck

www.ansata-verlag.de

Inhalt

Das Spiel der Meister: ein Akt des Bewusstseins

Das Leben ist ein Akt, ein Rollenspiel. Wir agieren wie Menschen und deshalb machen wir Erfahrungen, wie es Menschen zu tun pflegen. Dabei wird das uns zugrunde liegende engelhafte Bewusstsein durch eine Fülle von Begrenzungen, Mängeln und Dramen wie mit einer Maske verdeckt. Das ist ein unnatürliches Verhalten, das wir inzwischen als Wirklichkeit akzeptiert haben.

In diesem Text, auf Englisch *Act of Consciousness* (Akt des Bewusstseins), der in der deutschen Fassung unter dem Titel *Das Spiel der Meister* erscheint, beginnt der Aufgestiegene Meister Adamus Saint-Germain, die Metaphysik von Energie zu erklären und er definiert den entscheidenden Unterschied zwischen Bewusstsein und Energie. Adamus stellt deutlich fest, dass wir Bewusstseins-Wesen sind, nicht Energie-Wesen. Er macht klar, dass die Leidenschaft unseres reinen Bewusstseins Energie aus dem vereinheitlichten Feld anzieht, um unsere Realität zu manifestieren.

Adamus definiert die vier grundlegenden Ebenen von Energie – wozu die »Core Energy« als Energie des innersten Kerns, die kristalline Energie, die kosmische Energie und die Erd-Energie gehören. Er zeigt den Leserinnen und Lesern, wie die unterschiedlichen Ebenen von Energie von unserem Bewusstsein genutzt werden, um unsere Lebensphase oder sozusagen unsere Bühne des Lebens zu manifestieren.

Adamus fleht die Leser geradezu an, wie ein Meister zu *agieren,* sozusagen als ob man auf einer Bühne eine Rolle spielt, anstatt sich wie ein unvollkommener Mensch zu verhalten. Dieser Akt, dieses Spiel wird buchstäblich die Energie verändern, die in das Leben der Leser hineingezogen wird, und damit auch die Wirklichkeit der Bühne, auf der man sich bewegt und lebt.

Manche Leser und Leserinnen werden zu diesem Ansatz bemerken: »Das ist ja nicht real, weil man dabei nur eine Rolle spielt.« Darauf antwortet Adamus: »Aber es ist doch alles in deinem Leben nur ein Akt, nur ein Rollenspiel – dann kannst du doch auch wie ein wohlhabender, gesunder und weiser Meister agieren, dann kannst du dich doch auch wie eine erfolgreiche, weise Meisterin verhalten, der es wohlergeht. Das wird die Bühne deines Lebens verändern, aber die echte Frage ist: Bist du bereit für eine wesentliche Veränderung oder versuchst du nur, deine bisher bestehende Bühne etwas aufzuräumen?«

Adamus stellt hier einen bemerkenswert einfachen und effektiven Zugang zu einem Prozess vor, in dein volles Potenzial zu gelangen, der sonst sehr mental und mühselig verläuft. *Das Spiel der Meister,* dieser Akt des Bewusstseins, wird dich zum Lachen bringen, wird dich wütend machen und wird deine alten Glaubensmuster infrage stellen, wie Realität entsteht und wie man sie erfährt. Wenn du die letzten Worte von Saint-Germain in diesem Buch liest, wirst du ein paar Freudentränen vergießen und erleichtert feststellen, dass das Leben so einfach ist wie ein Spiel auf der Bühne, wie ein Akt des Bewusstseins.

Saint-Germain hatte etliche namhafte frühere Leben, wozu die als William Shakespeare und Mark Twain zählen. Diese Leben haben ihm Verständnis und Wertschätzung für das Theater, das Spiel auf einer Bühne und das Geschichten-Erzählen gegeben.

Teil I

An der Schwelle

Ich existiere

Ich bin, was ich bin, Adamus, aus der Essenz von Saint-Germain. Willkommen zu diesem lebendigen Kodex.

Ich existiere. *Ich existiere!*
Das sind die großartigsten Worte, die ihr je verkünden könnt – »Ich existiere!«

Oh, es ist so einfach. Wenn doch nur jedes menschliche Wesen diese Erkenntnis tief im Inneren hätte, in jedem Augenblick und mit jedem Atemzug. Das tun jedoch sehr wenige. Sehr wenige fühlen oder verstehen, was dieses *»Ich existiere!«* bedeutet.

Die meisten Menschen leben einfach so vor sich hin, sie erkennen bis zu einem gewissen Grad, dass sie Bewusstsein besitzen, aber sie realisieren kaum, dass ihr Bewusstsein lebendig ist, dass es lebt, existiert und erfährt.

Ich existiere, deshalb bin ich. Ah. *Ich existiere, deshalb kann ich agieren.* Ich kann alles sein, was ich möchte. Ich kann Adamus sein. Ich kann Saint-Germain sein. Ich habe viele verschiedene Identitäten in vielen, vielen Leben gehabt, weil mein Bewusstsein – wie eures – die Fähigkeit besitzt, agieren zu können. Bewusstsein ist nicht singulär und es ist auch nicht auf eine einzige Form des Ausdrucks fixiert.

Lieber Freund: Atme einmal tief durch und spüre in deinen eigenen Akt von Bewusstsein hinein, in deine Fähigkeit, wie ein Schauspieler zu agieren. Deine Identität – diese Sache, die du zu richten und zu reparieren, anzupassen und zu ergänzen versuchst – ist nur ein Rollenspiel. Sie ist nicht real. Oder genauer gesagt: Sie ist nicht die *einzige* Realität. Du bist inzwischen daran gewohnt, sie als real zu betrachten, und dass alles andere als diese Rolle, die du verkörperst, entweder falsch oder nicht ganz aufrichtig sei. Du tauchst tiefer und tiefer und immer tiefer in das ein, was du für deine Identität hältst – aber sie ist nur eine Rolle, ein Akt auf der Bühne des Lebens. Sie ist selbstverständlich ein brillanter Akt, aber doch nur eine Rolle, ein Ausdruck von etwas, das sehr viel größer ist.

Dein Verstand wird sagen: »Ich muss doch authentisch sein. Ich muss ehrlich sein.« Dabei ist das, was du gerade jetzt tust, *nicht* real. Zumindest ist es nicht die einzige Realität oder die einzige Wahrheit. Du existierst, deshalb kannst du agieren und dir selbst aussuchen, was du erfahren möchtest.

Du existierst, deshalb kannst du handeln. Und wenn du agierst, reagiert die Energie auf dein Bewusstsein.

Das Wort »agieren« kommt aus dem Lateinischen *actus,* was »tun« bedeutet sowie »Aktion« und »erledigt«.

Es bedeutet nicht »so tun als ob« oder »vorgeben«. Der Ursprung der Worte »Akt« und »agieren« bedeutet »zu sein«.

Energie reagiert auf einen Akt des Bewusstseins. Diese Aussage ist wörtlich zu verstehen. Du agierst, Energie reagiert. Energie funktioniert allerdings sehr buchstäblich. Wenn du wie ein begrenzter Mensch handelst, wird die Energie darauf eingehen, indem sie dir mehr Beschränkungen liefert. Wenn du so agierst, als ob dein Leben voller Probleme wäre, wird die Energie dir genau das auch geben – mehr Probleme. Es ist alles ein Spiel, ein großartiger, wunderschöner Akt.

Wisst ihr, *die gesamte Realität existiert ja schon.* Es ist ja nicht so, als ob ihr irgendetwas aus dem Nichts erschaffen würdet. Jede Wirklichkeit und jede Möglichkeit gibt es bereits. Du entscheidest, welche Potenziale du in deinem Leben zulässt. Welche Realitäten suchst du dir aus, um entsprechend zu agieren und zu erfahren? Es ist alles schon vorhanden. Du bist, was auch immer du auslebst – du bist tatsächlich der oder das, was du gerade als Schauspieler auf deine Bühne bringst. Agiere wie ein Student und du wirst Lektions-Energie bekommen. Agiere wie ein Meister, wie eine Meisterin, und du wirst meisterliche Energie erhalten.

In diesem Buch werden wir das Spiel des Meisters erforschen und erfahren. Wir werden uns die Physik von Energie ansehen, die Physik des Agierens und der Meisterschaft.

Es ist mein Wunsch, euch Verhaltensweisen zu zeigen, um das zu sein, was immer ihr wünscht – und ich meine wirklich »was immer«.

Eure Herkunft, eure Bildung, eure Gesundheit, euer Maß an Wohlstand, euer Verstand, euer IQ und auch alles andere interessieren mich dabei nicht. Auf nichts davon kommt es an.

Bitte höre die Worte: *Es kommt nicht darauf an.* Weder dein Alter noch dein Aussehen, weder dein Gewicht noch sonst etwas kann daran etwas ändern. Du kannst *agieren,* wie immer du es dir aussuchst.

Ah! Ich fühle eure Sehnsucht – »Ja! Oh bitte Adamus! Bitte! Ich möchte so sehr, dass das wahr ist.« Und gleichzeitig: »Ohhh, und wenn das nicht stimmt? Was, wenn ich das gar nicht schaffe? Was, wenn das auch nur leere Worte sind?«

Mein Freund, in den Stunden, während du dieses Buch liest, kannst du eine lebensverändernde Erfahrung machen. Das ist so einfach, wie tief durchzuatmen und nur *darin zu sein.* Ich nenne das »Sternen-Hüpfen« oder *Yo Soy El Punto* (auf Spanisch). »Ich bin der Punkt.« Ich bin der Punkt des Bewusstseins.

Wenn ich sage, dass du eine Chance hast, eine lebensverändernde Erfahrung zu machen, dann bringt das einen interessanten Zwiespalt hervor. Du denkst, »Oh ja! Eine Erfahrung, die mein Leben verändert. Deshalb lese ich ja dieses Buch – damit sich in meinem Leben etwas ändert.« Aber dann tauchen Zweifel auf. »Ups, eine Erfahrung, die mein Leben verändert? Was wird anders? Wird das eine schlechte oder eine gute Veränderung? Warum nicht erst einmal nur ein bisschen Veränderung, eine kleine Veränderung, keine allzu drastische?«

Mein lieber Freund, was hältst du von einer Erfahrung, die *dein Leben wirklich verändert?* Das ist keine Magie. Du brauchst dazu keine besonderen medialen oder mystischen Fähigkeiten. Es geht dabei nur darum, es zuzulassen. Bist du bereit dafür, dass sich dein Leben verändert, *egal was passiert?*

Ich bin bei dir, bei jedem Schritt auf dem Weg in diese Erleuchtung. Ich bin hier, um dir zu helfen, eine andere Perspektive einzunehmen. Derzeit ist deine Perspektive ziemlich eingeschränkt. Dein Bewusstsein ist sehr fokussiert und begrenzt. Aber wenn du dem Bewusstsein erlaubst, sich zu öffnen und auszudehnen, wirst du erkennen, dass die Erleuchtung immer schon da gewesen ist und du nur einfach noch nicht darauf eingestellt warst. Du wirst erkennen, dass alle Energie immer schon vorhanden war. Alle Weisheit und alles Wissen waren bereits da und haben auf dich gewartet. *Alles* war immer schon da. Die gesamte Realität besteht bereits; deine Erfahrung hängt davon ab, wo du dich eingewählt hast, welchen Akt und welche Rolle zu spielen du für dich ausgesucht hast.

Brauchst du ein Jahr oder zehn oder fünfzig, um zu beginnen, deine Erleuchtung zu realisieren? Es gibt sie bereits – nun geht es nur noch darum, dass du sie erkennst. Deine Erleuchtung ist kein Ziel, das irgendwo da draußen in der Zukunft liegt. Sie ist schon genau hier und wartet schlicht darauf, erkannt und verwirklicht zu werden.

Ich kann reden, drängen und provozieren. Aber letztlich muss jemand die eigene Erleuchtung wirklich zulassen, muss sie erlauben, und dann können andere sie auch sehen.

Gerade an diesem Punkt werde ich direkt mit jenen zusammenarbeiten, die ihre Erleuchtung zugelassen haben, weil dabei dann echte Herausforderungen auftreten, im physischen Körper zu bleiben.

Besonders in den ersten beiden Jahren der Erleuchtung taucht eine starke verführerische Kraft auf, den physischen Körper zu verlassen. Du hast immer noch einige Beschwerden und Sorgen, du fühlst dich, als ob du einen beschwerlichen Körper mit dir herumschleppst, weil du dir nun auch deines neuen Lichtkörpers bewusst bist, und du fragst dich: »Warum soll ich eigentlich in diesem alten müden irdischen Körper bleiben?«

Die Antwort ist: aus dem Grund, weil sich physisches Fleisch und Knochen umso weniger schwer anfühlen werden, je länger du darin bleibst. Und wenn du als verkörperter Meister auf der Erde bleibst, können andere sehen, was möglich ist. Wenn du erleuchtet wirst und dann den Planeten umgehend verlässt, haben sie keine Chance, dich zu sehen, zu berühren, zu hören. Ich werde also eng mit jenen zusammenarbeiten, die sich ebenfalls entschieden haben, als erleuchtete Meister auf Erden zu bleiben.

* * *

Du hättest die Erleuchtung schon vor ziemlich langer Zeit erlangen können, sogar schon vor vielen Lebenszeiten. Du hättest sie einfach erlauben können, aber das hast du nicht getan. Wahrscheinlich nicht deshalb, weil du davor Angst gehabt hättest oder noch nicht dazu bereit gewesen wärest. Nein, die Gelegenheit, dass du deine Erleuchtung verwirklichst, bestand schon vor langer Zeit, aber du hast es nicht getan. Warum nicht?

Du hast gewusst, dass es vor mehreren Leben den Tod bedeutet hätte, durch die Erleuchtung zu gehen, da die Energien damals sehr dicht und fest, also ganz anders waren. Früher war es viel schwieriger, im Körper zu bleiben, während man den sehr intensiven Prozess eines *verkörperten* Aufstiegs durchlief. Ein Teil von dir hat gewusst, dass du vermutlich nur wenige kurze Augenblicke im physischen Körper hättest bleiben können, da mit der Erleuchtung ein sehr verführerischer Wunsch einhergeht, die physischen Ebenen hinter sich zu lassen, eben wegen der harschen Herausforderungen der menschlichen Existenz.

Du hast gewusst, dass du ein *verkörperter* Meister sein wolltest und nicht ein toter Meister. Du wolltest weiterhin auf der Erde spazieren, den Boden unter dir spüren, dich erfreuen an Lachen, Freundschaft, Selbstliebe. Du wolltest das Leben voller Freude erfahren – als Meister. Also hast du gesagt: »Ich werde abwarten.« Obwohl du es damals auch schon hättest tun können.

Und du hast gesagt: »Ich möchte meine Erleuchtung in einer Gruppe Gleichgesinnter verwirklichen. Ich möchte sie mit anderen erleben, die ihr Erwachen auf diesem Planeten zur gleichen Zeit erfahren. Ich brauche sie zwar nicht zu meiner Erleuchtung, aber wie viel großartiger würde es doch sein, wenn andere mit einem gemeinsamen Hintergrund und ähnlichen Erfahrungen mit mir zusammen das heilige Lachen erleben, die heiligen Speisen essen, den heiligen Wein trinken.« Alles ist heilig, nachdem du erleuchtet bist! Also hast du gesagt: »Ich werde abwarten.« Und jetzt bist du hier – in dem Leben, das für die Erleuchtung bestimmt ist.

Es handelt sich dabei tatsächlich um das Leben, in welchem du deine Erleuchtung erkennst und verwirklichst, denn diese besteht ja bereits. In diesem Leben geht es nun um die *Verkörperung* deiner Erleuchtung.

Ich bin hier, um dich an diese deine Wahl zu erinnern; dich zu erinnern an die Leidenschaft der Seele für Erleuchtung, an deren Einfachheit. Dich daran zu erinnern, dass es wahrscheinlich nicht das ist, was sich dein Verstand ausgedacht hat – denn Erleuchtung ist ganz und gar anders, als ein Mensch es erwartet. Ich bin hier, um dich daran zu erinnern, dass gerade kurz vor der Erleuchtung die Zeit der größten Ablenkungen stattfindet – Ablenkungen, die ohne zu übertreiben gut und gerne vier bis fünf Lebenszeiten erfordern könnten, wenn man ihnen denn folgen würde.

Ich bin also hier, um euch und um dir frohgemut zu dienen – um anzustupsen und zu provozieren, dich zu erheitern und zu unterhalten, und um dich an die Entscheidung deiner Seele zu erinnern, deine Erleuchtung zu verwirklichen.

Was ist Erleuchtung?

Was ist Erleuchtung? Die meisten Menschen meinen, Erleuchtung ist, wenn alles ganz leicht wird. Das wird es nicht! Die meisten Menschen denken, Erleuchtung ist, wenn das Geld nur so herein fließt und jeder dich mag und achtet und die anderen glauben, du wärest sexy. Nicht unbedingt. Probleme lösen sich nicht notwendigerweise in Luft auf, aber man bekommt eine ganz andere Sichtweise auf Probleme und Themen. Plötzlich gibt es keine großen Monster und schlimmen Dämonen mehr. Mit einem Male sind das nur noch kleine Störungen und Irritationen, die du einfach auf sich beruhen lassen und von denen du dich einfach abwenden kannst.

Manche Menschen meinen, Erleuchtung bedeute, dass man allwissend wird, dass ein aufgestiegener Meister alles weiß. Nein. In der Erleuchtung weißt du im Gegenteil viel weniger als jemals zuvor, weil die Daten und Einzelheiten unwichtig werden. Fakten und Zahlen sind unbedeutend. Mathematik und Naturwissenschaften sind ja ganz nett, aber sie bilden nicht wirklich die Grundlage der Schöpfung.

In der Erleuchtung gibt es Vereinfachung, Verminderung, Destillation. Du *brauchst* gar nicht alles zu wissen. Oft fragt man mich nach Fakten und Zahlen von Dingen, die vor Hunderten oder Tausenden von Jahren passiert sind. Ich weiß so etwas tatsächlich nicht, und es ist mir auch gleich. Vermutlich könnte ich es herausfinden, aber so wichtig sind solche Dinge dann auch wieder nicht.

Bei Erleuchtung geht es nicht darum, mediale Fähigkeiten zu besitzen, wie zum Beispiel die Zukunft vorauszusehen. Klar, wenn du erleuchtet bist, strömen alle zu dir und wollen wissen, was morgen wohl passieren wird. Und ich kann dir jetzt schon sagen, was ich ihnen antworten werde: Morgen wird ziemlich ähnlich sein wie heute, da die Menschen dazu neigen, sich entsprechend ihrer Muster zu verhalten. Sie fallen in einen Trott und folgen einer eingefahrenen Spur und treffen eigentlich nicht sehr viele lebensverändernde Entscheidungen. Sie versuchen, kleine Anpassungen vorzunehmen – ein bisschen mehr Geld, ein bisschen mehr Brot und Spiele –, aber vor echten Veränderungen scheuen sie zurück.

Erleuchtung bedeutet nicht, plötzlich alles zu wissen oder zu haben, sondern Erleuchtung ist vielmehr *Integration*. Du integrierst sowohl alle deine Aspekte als auch dein Seelen-Wesen und dein menschliches Wesen in das ICH BIN. Die Integration vollzieht sich, wenn du dich selbst in Mitgefühl ganz annimmst. Integration geschieht, wenn du dich selbst liebst – ohne Ausnahmen oder Einschränkungen. In dieser Liebe und Akzeptanz finden alle Teile, Stücke, Aspekte und Schatten deiner selbst ihren Weg nach Hause, um integriert zu werden. Du fühlst dich erfüllt anstatt aufgesplittert. Statt dich wie Teilchen eines Puzzles zu fühlen, empfindest du dich als ganz.

Erleuchtung ist Freiheit. Es gibt viele Dinge, die dich von Freiheit trennen. Zum Beispiel, dass du dir gestattest, in sehr alten Energien und Traumata stecken zu bleiben, oder dass du anderen Menschen erlaubst, dein Leben zu diktieren. Und dass du immer noch im Verstand bleibst, auf der mentalen Gemütsebene und damit in den größten Illusionen und Einschränkungen. All diese Dinge führen zu einem Mangel an Freiheit.

In der Integration und Freiheit der Erleuchtung stellst du plötzlich fest, dass nichts wirklich wichtig ist. Nun fragst du: »Aber wenn nichts wirklich wichtig ist, was ist dann der Sinn und Zweck?« Also, in Wahrheit gibt es keinen Zweck. Es gibt keinen Sinn des Lebens.

Oh, das nimmt etwas den Wind aus den Segeln! Aber siehst du: Es gibt keinen Sinn des Lebens, da ein erwachtes Wesen erkennt, dass es nur um Erfahrungen geht. Dazu bedarf es keines großen Sinns. Das Leben dreht sich nur um fröhliche Erfahrung, um den Akt, Bewusstsein zu leben.

Du *brauchst* keinen Sinn und Zweck! Du kannst einfach in einer überquellenden Bewusstheit hier sein, um dich am Akt des Lebens zu erfreuen.

Der menschliche Verstand ist konditioniert zu glauben, dass er Sinn und Zweck braucht. Du brauchst einen

Grund, warum du morgens aus dem Bett kommst. Du musst einen Grund für dein Leben haben. Du musst Ziele haben. In der Erleuchtung gibt es keine Ziele! Ah, denk einmal an die Freiheit, die darin steckt. Wenn es keinen Zweck gibt, dann gibt es auch keinen Grund, den Sinn des Lebens zu finden. Je mehr du übrigens versuchst, ihn zu finden, desto weniger wirst du tatsächlich entdecken. Leben sollte gar keinen speziellen Sinn haben. Es war als Spielfeld für Erfahrung gedacht. Falls es überhaupt einen Sinn gibt, dann bestünde er lediglich darin, eine immer größere Erfahrung davon zu machen, dich selbst zu lieben. Das ist alles.

Erleuchtung ist die Befreiung von Zielen, die Freiheit von Zweck, das Freisein von Sinn – und sie ist *nie* langweilig.

Wenn ich all diese Dinge über Erleuchtung sage, gibt es häufig eine Reaktion wie: »Oh, das klingt aber so langweilig!« Das ist es jedoch überhaupt nicht, weil du mit einem Mal ein sehr multidimensionales, farbenfrohes HD-Leben aus Erfahrungen lebst anstatt ein schales, lineares, eindimensionales Leben der Plackerei. Du bist dir plötzlich über so viel mehr bewusst – über andere Ebenen und andere Dimensionen und über die Fähigkeit, zu agieren und zu spielen, ohne verletzt, fragmentiert oder gequält zu werden und ohne zu vergessen, wer du wirklich bist.

* * *

Erleuchtung. Du hast sie studiert, du hast daran gearbeitet und du hast viele, viele Leben dafür gelitten. Wenn du *dieses* Buch liest, gehörst du vielleicht zu jenen, die sich dieses Leben ausgesucht haben, um Erleuchtung endlich zu erkennen und zu erfahren. Es ist eine wundervoll aufregende Sache, aber dabei auch sehr furchteinflößend. Wahrscheinlich bist du bereits einigen der Dämonen und Drachen begegnet, welche deine tiefsten, dunkelsten Themen und Ängste nach oben bringen – Ängste jenseits von allem, was du jemals gespürt hast.

Warum? Weil alles, was innen blockiert und unerlöst ist, zurück ins Gleichgewicht gelangen muss und eben deshalb sichtbar nach vorne tritt. Deshalb erlebst du Rückblenden von verdrängten Kindheitserinnerungen oder du begegnest »Gespenstern« deiner selbst aus der Vergangenheit. Dann versuchst du sie in langwierigen Prozessen aufzuarbeiten und zu heilen, und du unternimmst alles Mögliche, um sie loszuwerden, aber sie sind ja aus einem bestimmten Grund da.

Die Gespenster deiner Vergangenheit kommen zurück, nicht um gekittet oder repariert, sondern um integriert zu werden. Sie kommen zurück, weil ein Teil von dir weiß, dass du an der Schwelle der Erleuchtung bist und es jetzt Zeit ist zu integrieren. Man lässt nichts hinter sich zurück, keine Teile oder Stücke. Jedes einzelne Partikel von dir kommt zurück, um integriert zu werden.

Du kommst jetzt nach vielen, vielen Leben an diesen Punkt der Erleuchtung ... und oho, das ist ein grausamer

Krieger. Da ist keine rosa Zuckerwatte und nichts Feen- und Elfenhaftes an Erleuchtung. Sie hat nichts mit »New Age« zu tun. Sie ist ein unbarmherziger, schonungsloser Krieger. Sie ist auch ein wunderschöner, sinnlicher Liebhaber und eine ebensolche Geliebte. Sie ist dein schlimmster Feind, sie ist dein bester Freund.

Diese Zeit in deinem Leben, jetzt, ist die beste und schönste aller Zeiten. Ich weiß, dass sie zugleich auch eine der schwierigsten Zeiten ist, die du je erlebt hast, aber ich möchte, dass du dich daran erinnerst, dass sie wirklich die beste aller Zeiten ist.

Ich weiß, dass es Tage gibt, an denen du dich fühlst, als ob du in einer Schleifmaschine steckst. Tage, an denen du dich von dir selbst wie pulverisiert fühlst. Wo du dich fühlst, als ob dein Wesen Glied für Glied und Gedanke um Gedanke auseinandergerissen würde. Aber es ist tatsächlich zugleich die Beste aller Zeiten, weil es die Zeit ist, die du dir für die Integration ausgewählt hast, für Freiheit und Erleuchtung.

Viele spirituelle Sucher fragen mich: »Schaffe ich es in diesem Leben? Werde ich meine Erleuchtung verwirklichen?« Das ist absolut möglich – und es hängt völlig von dir ab. Manche fragen, ob sie das haben, was dazu nötig ist, um dranzubleiben und durchzuhalten, da sie sich am Ende ihrer Kräfte fühlen. Sie wissen noch nicht einmal, ob sie genug Ausdauer besitzen, den nächsten Tag durchzustehen, vom mörderischen Schritt in die Erleuchtung einmal ganz abgesehen. Die Antwort lautet: Absolut, du kannst es.

Während unserer Zeit zusammen in diesem Buch wirst du erkennen, dass es in Wahrheit keinerlei Arbeit und Ausdauer dazu bedarf. Du hast dich gegen so viele Dinge im Leben gesträubt, und das hat dich erschöpft. Wenn du diese Abwehrhaltung jetzt aufgibst, werden sich die Energien auf natürliche Weise wieder ausgleichen und dann raubt es dir *nicht* die letzten deiner Energien. Es braucht nicht deinen starken Willen und deine Entschlossenheit, um diese Sache zu erlangen, die man Erleuchtung nennt.

Erleuchtung ist die natürliche Evolution
für jedes beseelte Wesen.

Du kannst dir deinen Weg in die Erleuchtung nicht durch Studieren sichern. Es gibt kein einziges Buch, das dir den Geheimcode oder den Schlüssel zur Erleuchtung übergeben kann. Du hast in der Vergangenheit viele Dinge studiert – Philosophie, Religion, die Mysterien – und das hat dir damals gedient. Aber nichts davon kann dir jetzt eine Antwort geben. Weder die Bibel noch der Koran, die Thora oder irgendeine andere heilige Schrift, weil sie alle von unerleuchteten Wesen niedergeschrieben worden sind. Kluge Leute, nette Leute, aber nicht erleuchtet.

Du wirst entdecken, dass Erleuchtung ganz natürlich kommt. Dazu bedarf es keinerlei Anstrengung. Du musst keine Willenskraft einsetzen und keine Entschlossenheit aufbringen. Es gibt nichts zu forcieren. Ich sehe so oft, wie ihr an eurer Erleuchtung arbeitet, wie ihr drängt, euch bemüht. Nein, meine lieben Freunde: Es braucht keine Anstrengung, tatsächlich werden alle Bemühungen darum nur zu einer Ablenkung.

Erleuchtung geht mit Erlauben, mit Zulassen einher – auch *Allowing* genannt. Erlauben ist wie Hingabe oder Aufgabe – und das zu vollziehen ist eine schwierige Sache. Es bedeutet eine totale Hingabe an dein Selbst – nicht an irgendeinen unbekannten Gott, sondern an dein Selbst. In dieser Art von Hingabe gibt es eine natürliche Angst, dass irgendetwas schiefgehen könnte, dass du verletzt wirst. Verstand und Gemüt sowie deine Aspekte erinnern dich nur zu gern an all die Fehler, die du gemacht, und die schlechten Entscheidungen, die du jemals getroffen hast. Sie sagen dir, dass du – wenn du dich auf Hingabe und Erlauben einlässt – all deine Schutzmaßnahmen außer Kraft setzt und dunkle Energien und Wesenheiten hereinkommen können. Also wehrst du dich dagegen.

Du denkst zwar darüber nach loszulassen, aber du lasst das nicht wirklich zu. Du denkst an Hingabe, aber dann machst du das in sehr kleinen Schritten. Du hältst an der Illusion deiner Identität fest. Ich habe im Verlauf der Zeitalter so viele Studenten gehabt, die meinten, dass es bei Erleuchtung oder Spiritualität darum ginge, die eigene Identität zu verstehen. Darum geht es jedoch keineswegs, außer zu begreifen, dass die Identität nur ein Rollenspiel ist.

Während der Reise in die Erleuchtung wirst du durch Phasen gehen, in denen du tief in dich selbst eintauchst, in die Entdeckung des Inneren. An einem bestimmten Punkt wirst du jedoch erkennen, dass du nur tiefer in eine Identität eingetaucht bist, die in Wahrheit nichts anderes ist als ein Rollenspiel, wie ein Akt auf einer Bühne.

Du hast dich darum bemüht, deine Identität zu erhärten und zu bestätigen, sie noch realer und korrekter zu machen – aber an irgendeinem Punkt merkst du, dass es Zeit ist, dich deinem Selbst hinzugeben. Es ist Zeit, tief durchzuatmen und es einfach zu erlauben.

Das klingt einfach, ist jedoch die erschreckendste Sache, die ein Mensch je tun wird. Es klingt so simpel, aber ich wette, du findest eine Million Gründe, es nicht zu tun.

Du stehst jetzt endlich an der Schwelle der Erleuchtung, aufgrund deiner Entschlossenheit, deines starken Willens und deiner verdammten Sturheit. Das ist bis zu einem gewissen Punkt alles recht gut. Du hast durchgehalten. Oh mein Gott, du hast eine Sache nach der anderen ausgehalten – Angriffe, Körperverletzung, Quälereien, Selbstgeißelung, die Schläge von anderen und alle weiteren Dinge, während du nach Antworten gesucht hast. Du hast das ausgehalten und ich verleihe dir eine Ehrenmedaille für Durchhaltevermögen. Und jetzt kannst du diese Medaille zerschmettern, denn Willensstärke und Durchhaltevermögen werden dir keine Erleuchtung bringen. Sie haben dich zwar an diese Schwelle gebracht, aber jetzt ist es Zeit zu realisieren, dass du nichts forcieren oder anschieben musst und dass du dir auch nichts zu erarbeiten brauchst. Nichts. An der Schwelle zur Erleuchtung geht es nur um *Allowing*, um das Erlauben.

Wer ist verantwortlich?

Jetzt mal eine richtig wichtige Frage für dich: Wer ist für deine Erleuchtung verantwortlich?

Denke einen Augenblick lang über die Frage nach, bevor du weiterliest.

Welche Antwort hast du gefunden?

Meine Antwort ist – und das muss nicht deine sein: deine Seele.

Deine Seele, deine Göttlichkeit oder wie du das auch nennen möchtest, ist für deine Erleuchtung verantwortlich. Fühle mal einen Moment lang da hinein. Was für eine große Erleichterung! Du als irdischer Mensch musst das nicht hinkriegen. Du *kannst das gar nicht* herausfinden, und das ist das kleine Geheimnis bei der ganzen Sache.

Der menschliche Aspekt hat keinerlei Vorstellung von echter Erleuchtung oder von Aufstieg. Er kann das überhaupt nicht begreifen, außer dass er meint, das sei eine größere und bessere Version seiner selbst. Der menschliche Anteil mit seinem mentalen Fokus und seinem Überlebensinstinkt hat bestimmte Strukturen, Bedürfnisse und Wünsche, und die alle haben nichts damit zu tun, über sich selbst hinauszugehen.

Dein menschlicher Aspekt strebt nicht nach Erleuchtung und noch nicht einmal nach mehr Bewusstheit. Tatsache ist, dass die menschliche Identität sogar manchmal gegen dich arbeiten wird, weil sie Bewusstheit und Erleuchtung nicht erfasst. Sie versteht mentale Beschäftigungen, Überlebensdrang, Emotionen, aber nicht Erleuchtung. Sie kann dies auch gar nicht begreifen, weil sie für diesen Zweck nicht gemacht ist. Und man sollte sie auch wirklich nicht damit belasten, herumzurätseln, was Erleuchtung wohl sein könnte.

Eine der Fallgruben für viele Menschen, die der Erleuchtung nahekommen, besteht in dem Glauben, dass sie das als Menschen *bewerkstelligen* und *erreichen* müssten. Sie vertiefen sich in Programme und Zielsetzungen für ihre Erleuchtung und versuchen, alle Einzelheiten und Details zu managen, obwohl sie weder Erleuchtung begreifen noch wie die Energien funktionieren oder was in ihrem Leben wirklich so abläuft.

Der menschliche Aspekt engagiert sich sehr für die Erleuchtung, weil er die Leidenschaft spürt, welche die Seele dafür entwickelt. Der menschliche Aspekt hat die Mühen des Alltagslebens auch ziemlich satt und möchte etwas anderes, zum Beispiel ein besseres Leben. Also übernimmt er die Patenschaft für diese Sache, die Erleuchtung heißt, und denkt sich dabei, dass es ein Mittel sei, um ein schöneres Leben zu erreichen. Erleuchtung ist *kein* besseres Leben. Es ist ein völlig neues Leben, das sich total von allem unterscheidet, was der Mensch bisher jemals erfahren hat.

Die Verantwortung für deine Erleuchtung liegt bei deiner Seele, bei deiner Göttlichkeit. Du als der menschliche Aspekt, der immer noch nicht genau weiß, wie das alles funktioniert, wirst gebeten, dich einfach auf diese Erfahrung in vollem Vertrauen einzulassen und mitzugehen. Und zu verstehen bzw. anzunehmen, dass alles, was geschieht, Teil deiner Erleuchtung ist. Erlaube deiner Seele, diese Arbeit zu tun.

Wenn du schlechte, fordernde, schwierige Tage erlebst oder solche mit ganz niedriger Energie, dann verlier dich nicht in Gedanken und frage dich nicht: »Was mache ich nur falsch? An welchem anderen Seminar sollte ich teilnehmen? Mit welchem *Makyo* bzw. mit welcher spirituellen Ablenkung sollte ich mich durchtränken?« Vertraue vielmehr darauf, dass Erleuchtung die Passion deiner Seele ist und deshalb nie verloren oder besiegt werden kann. Du machst gerade einfach einen Teil der Erfahrung durch, die dahin führt.

Die Weisheit deines ICH BIN versteht total, was gerade dabei ist, sich zu entfalten. Es ist jenseits von Zeit und weiß längst, dass es seine Erleuchtung realisiert hat, während es hier auf der Erde verkörpert ist. Und deine Seele vollzieht dies nun nach, indem es durch dich, ihren menschlichen Aspekt, die Erfahrung dessen nacherlebt, wie es war, erleuchtet zu werden.

Atme tief durch, lieber Freund, denn das bedeutet eine enorme und wunderbare Befreiung! Lass den Druck los, Erleuchtung finden zu müssen. Hör auf zu versuchen, mental herauszufinden, wie Erleuchtung funktioniert. Lass die Lasten los, die du dir selbstauferlegt hast, die Schuldgefühle und Zweifel, ob du es wohl richtig oder doch eher falsch machst. Deine Seele ist es, die in dieser physischen Realität erleuchtet wird – du bist einfach nur bei dieser Reise dabei.

Das ist ein solch schönes, schlichtes Prinzip. Wie ich es schon oft, sehr oft gesagt habe, ist Erleuchtung ein völlig natürliches Ereignis. Du kannst nicht dafür lernen oder es erzwingen zu geschehen; es vollzieht sich einfach. Du kannst Spiritualität und Philosophie bis zu einem gewissen Punkt studieren, aber lass das dann alles auch wieder los. Wahre Erleuchtung ist ein natürlicher Vorgang, den du einfach nur erfahren kannst.

Er ist sogar so natürlich, dass es weh tut, wenn dein menschlicher Aspekt versucht, diesen Prozess zu kontrollieren oder zu steuern, und sich damit einem sehr natürlichen Phänomen in den Weg stellt. Du wirst dich zwiegespalten fühlen und so als ob dir Dinge herausgerissen würden und du dich verzweifelt ans Leben klammern müsstest. Es wird sich anfühlen, als ob du in einen Abgrund gesogen würdest, anstatt anmutig in deine Erleuchtung zu schweben. Verabschiede dich also von allen Versuchen, deine Erleuchtung selbst zu managen.

Es ist die Seele – dein göttliches DU –, die für deine Verwirklichung verantwortlich ist und die Seele muss nichts planen oder managen oder herausfinden. Sie *verwirklicht* die Erleuchtung einfach. Es ist sehr einfach. Du kannst dich entspannen.

Entspanne dich in deine Erleuchtung hinein.

In diesem Leben

Als ein erwachter Mensch hast du vermutlich zwischen 850 und 1.400 Leben in einem physischen Körper auf diesem Planeten hinter dir, und höchstwahrscheinlich warst du schon in den frühen Zeiten von Mu (Lemurien) und Alt (Atlantis) hier. Du bist auf diesen Planeten als ein Repräsentant deiner spirituellen Familie gekommen. Und jetzt bist du also hier, nach tausend oder mehr Leben, in der großartigsten Zeit, die es je auf diesem Planeten gegeben hat – in dieser Zeit des Erwachens.

Da dieses Buch in deinen Händen ist, hast du dich entschieden, dein ICH-BIN-Bewusstsein zu verwirklichen, vermutlich deutlich früher als die meisten anderen Menschen. Das macht dich nicht besser, vielleicht nur ein bisschen verrückter oder abenteuerlustiger. Aber du hast dich entschlossen, es vor den meisten anderen Menschen zu tun. Ihre Gelegenheit kommt schon auch noch, aber für sie wird es anders sein als bei deiner Erleuchtung, denn nur sehr wenige haben das *vor dir* getan.

In den vielen Millionen Jahren der Geschichte dieses Planeten sind nur rund 9.000 Wesen aufgestiegen und haben ihre ICH-BIN-Präsenz realisiert. Das sind überhaupt nicht sehr viele. Aber jetzt gibt es ein globales Erwachen.

Millionen von Menschen aus allen Teilen der Welt beginnen, für ihren spirituellen Ursprung zu erwachen. Oft geschieht das sehr still und ohne Verbindung mit einer bestimmten Gruppe. Es dauert vielleicht mehrere Leben, bis sie ihre Erleuchtung tatsächlich verwirklichen, jedoch gibt es viele – vielleicht auch dich –, die die Erleuchtung in diesem Leben realisieren und im physischen Körper *bleiben* werden.

Der Aufstieg ist ein sehr persönlicher Prozess. Niemand wird je in der Lage sein, das endgültige Handbuch für das Erwachen zu schreiben oder eine Anleitung »Wie man erleuchtet wird«. Die Menschen können ihre eigene Erfahrung mitteilen, aber es wird nie ein einzelnes Buch geben, das aufzeigt, wie man Erwachen oder Erleuchtung bewerkstelligt, denn das ist eben ein ungemein persönlicher, individueller, sehr tiefer und sehr transformativer Prozess.

Du bist Teil der ersten Welle dieser Gruppe von Menschen, welche in der Ära der Neuen Energie erwachen. Diejenigen, die nach euch kommen, werden diese intensiven Zweifel, diese Betroffenheit und Verwirrung, dieses Chaos und Drama, mit dem ihr zu tun habt, nicht erleben. Denn ihr habt das Massenbewusstsein dann bereits gepflügt, habt alte Paradigmen überwunden und die unsichtbare, aber sehr verlockende Sperre durchstoßen, die einen in der 3-D-Welt einsperren will. Die Arbeit, die ihr leistet, besteht darin, den Weg für die vielen zu bahnen, die nach euch kommen.

Du hörst diese Worte, aber ich glaube, dass du noch nicht einmal erkennst, was du für dich selbst tust und damit letztlich für diesen Planeten und für die gesamte Schöpfung. Ich weiß, dass du an dir selbst zweifelst. Du siehst dich oft als klein, mickrig, schwach und uneffektiv an. Aber eines Tages wirst du die Perspektive erlangen, die ich habe, und du wirst sehen, was du wirklich tust.

Manchmal verwenden wir in unserem »Club der aufgestiegenen Meister«, der bislang rund 9.000 aufgestiegenen Wesen, den Begriff »gegen alle Wahrscheinlichkeiten«. Entgegen aller Wahrscheinlichkeit tust du es, und das ist erstaunlich und bewundernswert.

Es geschieht nicht aufgrund deiner Entschlossenheit oder Willenskraft, denn du wärest dann schon vor langer Zeit von den Härten des Erwachens erdrückt worden. Es ist auch nicht deine mentale Kompetenz, die dich auf dem Weg der Erleuchtung hält. Was ist es also dann?

Was hält dich dabei, wo andere schon ausgestiegen sind? Was treibt dich an, dass du dich wieder aufraffst und weitermachst, wenn du meinst, du hättest keinerlei Energie mehr, keine Hoffnung und auch keinen Wunsch mehr voranzugehen? Sogar in den dunkelsten Augenblicken hebt dich dennoch etwas von innen heraus hoch und trägt dich fort.

Manchmal schreibst du das den Engeln, Geistführern oder ab und zu sogar mir zu. Aber in Wahrheit bist DU es. Es ist etwas, was aus dir emportaucht. Es ist die Begeisterung deiner Seele, ihre Erleuchtung zu verwirklichen. Und jetzt bist du also hier, in deinem Erwachen, in der vielversprechendsten Zeit der Geschichte der Menschheit.

An der Schwelle

Ich war wie ihr. Mir war bewusst, dass ich an der Schwelle der Erleuchtung stand. Nicht Angst hinderte mich daran, die Schwelle zu übertreten. Ich hatte mich bereits von meinen menschlichen Lebenszeiten verabschiedet. Ich hatte den Begrenzungen des mentalen Ausdrucks schon Lebewohl gesagt und ich hatte mich von meiner Familie verabschiedet, von den meisten meiner lieben Freunde, sogar von meinen Hunden.

Ich stand geradewegs an der Schwelle zur Erleuchtung und sagte mir immer wieder: »jeden Tag jetzt, jeden Tag«. Aber ich wartete. Ich wartete absichtlich ab, weil ich die menschliche Existenz derart liebte! Während ich wartete, erlaubte ich mir, mich an all die Dinge zu erinnern, die ich getan hatte, an die Menschen, denen ich begegnet war, und die Orte, die ich besucht hatte. Aber ich erinnerte mich an all das auf eine andere, neue Weise.

Weißt du, die Vergangenheit ist nicht das, wofür du sie hältst, und die Ereignisse entfalteten sich nicht so, wie du dich an sie erinnerst.

Wenn du der Schwelle der Erleuchtung näher kommst, beginnst du, zurück in dein Leben zu spüren – du denkst nichts, sondern du fühlst. Und du erkennst, wie ich es tat, dass die Geschehnisse deines Lebens ganz anders waren, als dein Verstand sich daran erinnert hatte. Du realisierst, dass während dein Gedächtnis an den Traumata und Schwierigkeiten festhielt, in Wahrheit in *allem,* was du erlebt hast, unglaubliche Schönheit und Licht waren.

Ich wartete also am Rande der Erleuchtung ab. Das war aufregend. Es fühlte sich so ähnlich an, wie gerade an der Kippe eines sexuellen Orgasmus zu sein und sich zurückzuhalten. Oh! Du willst einfach nicht über den Höhepunkt hinausgehen. Es lag eine solch wunderbare Spannung in diesem Augenblick – warum sollte ich den Weg jetzt schon zu Ende gehen?

Du erlaubst dieser Spannung, dieser Erregung, dieser sinnlichen Erfahrung, sich aufzubauen und immer weiter aufzubauen, bis du es nicht mehr halten kannst. Und dann, ahhhhh! Die Symphonie des Lebens. Der große Orgasmus.

Also wartete ich ab. Ich hielt mich viele Jahre zurück, damit ich zurück in mein Leben spüren konnte, damit ich die Wärme all meiner Erfahrungen ohne Bedauern fühlen konnte, ohne zu sagen: »Oh, ich wünschte, ich hätte es anders gemacht.« Eure Lebenserfahrungen entfalten sich im Allgemeinen innerhalb einer begrenzten Realität und erst später könnt ihr sie wirklich spüren und aus einer ganz anderen, neuen Perspektive wieder erleben.

Ich wartete und wartete. Ich verließ die Gesellschaft und lebte ganz allein in den Wäldern Norddeutschlands. Ich wollte der Natur Lebewohl sagen, der lieben Dame Gaia. Oh, sie war eine so gute Freundin gewesen (und manchmal eine unerwartete Gegnerin) während meiner vielen, vielen Leben auf diesem Planeten. Wenn ich mich in der Natur aufhielt, erinnerte mich das an die Schönheit, zu sehen, wie Leben in dieser Realität lebendig wird. Es erinnerte mich daran, wie diesem Planeten Lebensenergien eingeflößt wurden, lange bevor Engel oder Menschen je hierhergelangten; wie die Erde die Wälder gebar, die Bäume, die Gewässer, die Luft, die Pflanzenwelt und die Tierwelt – *für euch,* für eure Erfahrung hier auf diesem Planeten.

Ich habe mich tief mit der Erde verbunden, weil ich wusste, dass sie ein Symbol für meine irdischen Lebenszeiten war, weil ich die Essenz meines physischen Körpers in den Aufstieg mitnehmen wollte. Wenn man aufsteigt, kann man die Essenz des physischen Körpers mitnehmen, sodass man ihn jederzeit re-imaginieren, also von Neuem bildhaft entstehen lassen kann. Ab und zu sogar in einem Maße, ihn vorübergehend auf der Erde manifestieren zu können.

Ich verbrachte lange Zeit damit, alle Aspekte meiner selbst wieder zu verbinden und zu integrieren. Das brachte meine Energien ins Gleichgewicht und verband mich aufs Neue mit der Schönheit, Leben ins Leben zu bringen. Nach der Erleuchtung wirkt ein Meister auf diese Weise in vielen anderen Realitäten, in vielen anderen Bereichen des Kosmos. Er ruft Leben ins Leben.

Als ich nicht mehr länger an mich halten konnte, als der Tag gekommen war, mein Tag, nahm ich meinen Körper mit. Er verdunstete gewissermaßen; es blieb nichts zurück als schöne Kleidungsstücke, die auf den Boden fielen. Keine Knochen, keine Muskeln, kein Blut. Alles war integriert.

Manche würden sagen, dass ein seltsames Phänomen geschah, als mein Körper verschwand. Manche meinen, dass er irgendwo begraben wäre. Es ist jedoch eine Tatsache, dass euer Körper nicht nur in der Erde zerfallen und sich zersetzen muss. Er kann sich auch buchstäblich mit euch integrieren, wenn ihr in euren Aufstieg geht.

Ihr nehmt ihn dann aus einer Reihe von Gründen mit, aber vor allem, weil er *euch* repräsentiert hat in eurem letzten kostbaren Leben auf der Erde. Und wenn ihr nichts hinterlasst, dann nehmt ihr alle Attribute der physischen Realität mit euch auf eure weiteren Reisen. Den physischen Körper zu integrieren, erlaubt euch, ihn jederzeit wieder erschaffen bzw. erstehen zu lassen, wenn ihr das bei euren Reisen jenseits der physischen Ebenen wünscht.

Ja, ich habe abgewartet. Und vielleicht wartest du auch ab, wartest einfach auf den richtigen Tag, deinen Tag. Vielleicht wartest du aus Angst davor, was als Nächstes passiert, oder schlicht, weil du möchtest, dass jemand anderes vor dir diesen Schritt geht, um zu sehen, wie andere das machen. Du wartest vielleicht noch, weil du gerade die Schönheit des Lebens genießt, und warum auch nicht? Du wartest auf den stimmigen Tag, und in der Zwischenzeit gestattest du dir, zärtliche Erinnerungen und Gefühle an deine vielen, vielen Leben auf Erden zu spüren.

Dieses Warten ist bittersüß. Ja, manche der Leben, auch dieses jetzt, waren sehr, sehr schwierig, auch brutal hart – wie ein grimmiger Krieger oder ein wütender Drache, die dich zermalmen wollten. Aber andere Zeiten waren so exquisit, so erlesen schön. Es kann einen durchaus überwältigen, zu fühlen, dass dies alles nun zu Ende geht.

Ich versuche nicht, dich zur Erleuchtung zu drängen, aber ich möchte, dass du realisierst, dass sie nicht in irgendeiner weit entfernten Distanz liegt. Sie kommt nicht erst an einem weit in der Zukunft liegenden Tag. Sie kann geradewegs hier sein, genau in diesem Augenblick. Oder du kannst in der Erfahrung verweilen und noch eine Weile lang an der Grenze zu dieser großartigen orgiastischen Erfahrung der Erleuchtung bleiben. Das ist auch in Ordnung, aber erkenne dann, dass du dich bewusst so entscheidest.

Du bist um der Erleuchtung willen in dieses Leben gekommen. Du fragst dich immer noch, ob du wirklich bereit dafür bist, ob du genug geleistet oder gelernt oder ob du genug losgelassen hast. Aber ja doch, absolut. Du bist bereit.

Teil II

Menschliches und Göttliches

Menschliche Bedürfnisse

Bevor wir tiefer in Informationen über die Erleuchtung einsteigen, möchte ich vorschlagen, dass du dir ein paar Augenblicke lang Zeit nimmst, tief durchzuatmen und zu spüren.

Nimm dir einen Moment, um dich mit deinem menschlichen Selbst zu verbinden, mit deinen menschlichen Bedürfnissen, deinen menschlichen Wünschen.

Dann werde dir deiner Seele bewusst, jenem Teil von dir, der so lange so weit entfernt gewesen schien. Sie kommt dir jetzt näher und geht auf deine Entscheidung ein, den Integrationsprozess deiner selbst zu durchlaufen.

Atme tief durch.

Die Seele hört dir jetzt zu. Du hast sie erweckt und sie dir ein bisschen näher gebracht. Sie hört dir zu.

Jetzt ist die rechte Zeit, mit deiner Seele in ganz klaren Worten zu sprechen im Hinblick auf deine menschlichen Bedürfnisse. Ich spreche hier von den elementaren

Grundbedürfnissen wie Gesundheit, Fülle, Beziehung zur Seele, Selbstliebe.

Mache deine menschlichen Bedürfnisse ganz klar, auch wenn du glaubst, dass es weltliche Dinge seien wie ein anderer Job oder mehr Zeit für dich selbst. Die Seele *wird* darauf reagieren. Sie begreift die menschlichen Bedürfnisse nicht immer, weil sie nur einen Aspekt von sich selbst hier auf die Erde gesandt hat, um in menschlicher Gestalt mit der menschlichen Logik und den entsprechenden Einschränkungen zu leben. Sie kümmert sich nicht um die Details, denn sie »destilliert« nur die Weisheit aus deinem Leben heraus. Jede Erfahrung, die du hast, wird von der Seele ohne irgendeine Bewertung angenommen, zu Weisheit destilliert und dann wieder zurück zu sich selbst in die Seele gebracht. Die Seele lässt sich einfach nicht in das menschliche Klein-Klein verwickeln.

Nun gewinnen die menschlichen Details jedoch an Bedeutung, weil Seele und Mensch integrieren und wieder eins werden – hier im menschlichen Körper auf der Erde. Und wenn dich die Seele jetzt begleitet, ist es für sie wichtig, dich als Menschen zu begreifen und zu wissen, was deine Bedürfnisse sind. Zum Beispiel das Bedürfnis nach Fülle. Ja, sei ruhig recht vollmundig dabei! Gesundheit, Selbstwert, alle diese Dinge – sei unerschrocken und lass die Seele wissen, was du brauchst und dir wünschst.

Bitte nicht einfach darum oder wünsche dir das nicht nur. *Verlange* es. Atme tief ein und sage: »Seele, das ist es, was wir brauchen. Kümmere dich darum!« Und fühle dann in die tiefe Leidenschaft der Seele hinein – in die Freude und Lust zu sein, zu erfahren, zu leben –, denn diese *Begeisterung* bringt die Fülle hervor, die Gesundheit und alles andere, was du brauchst.

Atme tief durch.

Sinn und Zweck dieser Übung ist unter anderem, *dir selbst* klar zu machen, was du brauchst, was du wirklich willst und wählen möchtest. Oft gibt es da eine gewisse Verworrenheit in Bezug auf Bedürfnisse und Wünsche. Du weißt, was du *nicht* möchtest, aber du bist dir nicht immer sicher, *was* du willst.

Im wahren Akt des Bewusstseins frage einfach danach, verlange es, erlaube und empfange es.

Und nun atmest du noch einmal tief durch.

Die Seele fühlt nun, wie sich der Verstand beruhigt hat, zumindest einige Augenblicke lang. Sie sagt: »Okay, ich bin bereit zuzuhören. Erzähle mir etwas mehr von dem, was du durchmachst. Erzähle mir ein bisschen mehr über das, was du brauchst. Mit lebendiger Begeisterung werden wir es zusammen schon schaffen.«

Atme noch mehrmals tief und bewusst ein und aus.

Und dann nutze diesen Augenblick, um deine Seele zu

spüren. Nicht um sie zu ehren oder anzubeten, sondern um ihr ganz nah zu sein, um sie zu fühlen. Du hast mit ihr geredet und gesagt: »He, Seele, hier sind einige meiner Bedürfnisse.« Nun mach das noch deutlicher.

Wenn Menschen auf die andere Seite gehen und ihrem Seelen-Selbst begegnen, sind sie oft ganz aufgelöst, weinen und klagen: »Oh, das war ein solch hartes Leben. Ich konnte meine Rechnungen nicht bezahlen. Mein Haus wurde versteigert und ich bin fast verhungert. Es war einfach schlimm!« Die Seele sieht sie dann ganz erstaunt an und sagt: »Warum hast du mir das denn nicht gesagt?« Dann schaut der Mensch überrascht und sagt: »Ich habe gedacht, du wüsstest das doch!« Die Seele sagt daraufhin: »Geh nie davon aus, dass ich alles weiß!«

Mach jetzt eine Pause mit dem Lesen und werde dir ganz klar, was du brauchst und möchtest und sag das deiner Seele auch sehr deutlich.

Und atme gut und tief dabei.

* * *

Die Liste der Dinge, die du brauchst, ist ja nicht wirklich so lang. Es sind ja ziemlich grundlegende Sachen. Die Seele begreift nicht immer die Bedürfnisse des Menschen, also mach deine Bedürfnisse deinem ICH BIN deutlich.

Die Seele ist wie die Sonne, die einfach da oben steht und vor sich hin scheint und gar nicht bemerkt, was hier unten auf der Erde so alles passiert. Die Sonne hat gar keine andere Absicht, als zu strahlen. Sie liebt es zu strahlen und zu scheinen und macht das Tag und Nacht. Sie leuchtet die ganze Zeit, ob du sie nun siehst oder nicht. Sie kümmert sich nicht darum, ob die Bäume und das Gras ihr Licht akzeptieren oder nicht. Es ist ihr gleich, ob du Sonnenbrand bekommst oder dich vor ihren Strahlen schützt. Die Sonne sorgt sich nicht darüber, ob es zu heiß ist oder ob irgendetwas ihre Wärme abwehrt. Sie ist einfach da in ihrem Glanz, in ihrer Ausstrahlung und in ihrem Ausdruck. Ihre Lust und Freude sind es, zu scheinen.

Und so ist deine Seele – sie ist einfach da. Sie ist das ICH BIN, das innerste Bewusstsein, einfach immer vorhanden. Sie unterscheidet nicht zwischen einem guten und einem schlechten Tag. Sie weiß noch nicht einmal, dass es einen Tag gibt. Sie ist einfach. Sie strahlt immer.

Der Mensch hat Bedürfnisse, die auf dem Willen zu überleben beruhen, auf dem Wunsch nach einer gewissen Bequemlichkeit, nach Freude und Genuss, und er möchte Schmerz und Leid vermeiden. Deshalb muss der Mensch selbst sehr klar sein im Hinblick auf diese Bedürfnisse und Wünsche – also klar seinem Selbst gegenüber.

Es gibt überhaupt keine äußeren Wesenheiten da draußen auf irgendeiner Ebene, welche dem Menschen irgendwelche Gaben verleihen. Es gibt keine Akasha-Chronik, die aufzeichnen würde, ob du frech oder lieb gewesen bist. Es geht nur darum, dass du sehr klar mit deinem Selbst darüber bist, was deine Bedürfnisse sind.

Vielleicht hast du dich schuldig gefühlt, dass du überhaupt eigene Bedürfnisse und Wünsche hast, weil du es gewohnt bist, dich um alle anderen zu kümmern. Vielleicht wurde dir gesagt, dass es nur einen begrenzten Vorrat an Dingen gäbe, der für alle reichen müsste, und dass du eigensüchtig wärest, wenn du dich zuerst um dich selbst kümmern würdest. Das ist eine interessante Programmierung, ein eindrucksvolles Spiel – aber das ist einfach nicht real. Es sei denn, dass du möchtest, dass es real ist.

Das kann eine ganz interessante Übung sein, deine eigenen menschlichen Bedürfnisse zu definieren, weil im Allgemeinen ein Mangel an Klarheit darüber besteht, was du wirklich willst. Wenn ich über menschliche Bedürfnisse spreche, rede ich nicht von erhabenen metaphysischen oder ätherischen Vorstellungen. Ich spreche vom Geld in deiner Tasche, einem Auto, das fährt, einem schönen Zuhause, auch davon, alle Rechnungen bezahlen zu können … von all diesen Sachen. Fühle dich dabei nicht schuldig. Fühle dich gesegnet, dass du sie hast. Und wenn es anders nicht geht, dann spüre einfach, dass es ein Spiel ist: »Wie viel Fülle kann ich haben? Wie gesund kann ich sein?« Spiele damit.

Es gibt keine Notwendigkeit dafür, die Last von Armut und Mangel auf deinen Schultern mit herumzuschleppen, genauso wenig wie es einen Grund dafür gibt, dir die Verantwortung für deine Erleuchtung aufzubürden.

Denk daran, dass das menschliche Selbst in Wahrheit keinen blassen Schimmer von der Erleuchtung hat und sich das auch gar nicht zusammenreimen könnte, selbst wenn es dies versuchen würde. Es kann Erleuchtung nicht planen, entwerfen oder verwirklichen. Überlass das also deiner Göttlichkeit – aber erlaube ihr, Einzug in dein Leben zu halten. Erkenne, dass in dem Maße, wie du Erleuchtung in dein Leben einlädst, die Dinge umherwirbeln und sich verändern werden, sie werden ein neues Gleichgewicht suchen und in eine neue Ordnung gelangen. Sage nicht: »Oh verdammt, was ist denn nun los? Ich Armer!« Sage vielmehr: »Wow, ich bin gesegnet! Das Leben verändert sich!« Klar gibt es manchmal Schlaglöcher auf der Straße, manchmal liegen auch große Hindernisse da, aber das geht vorbei.

Vier menschliche Grundthemen

Menschliche Themen, Belange und Probleme – die also menschliche Bedürfnisse darstellen – können in vier Hauptgruppen behandelt werden: Fülle, Gesundheit, Beziehungen und Selbstwert.

Fülle

Du verdienst Fülle und Wohlergehen. Punkt. So viele Menschen, vor allem solche auf einem bewussten spirituellen Weg, schleppen eine Geschichte des Mangels und eine Abwehr von Fülle mit sich herum, die sie in ihrem Leben einfach nicht zulassen.

Dafür gibt es eine Vielzahl von Gründen, aber auf die kommt es jetzt nicht mehr an. Es gibt genug Fülle für alle – jetzt ist die Zeit, sie auch anzunehmen. Ich werde darüber sprechen, wie man sie anzieht. Dann liegt es an dir, sie auch tatsächlich anzunehmen.

Mir ist gleich, welche Herkunft du hast und aus welcher sozialen Schicht du kommst, ob du zwei- oder dreimal bankrott gewesen bist oder was für eine Story du auch haben magst: Es *gibt* Fülle für dich! Lass nicht zu, dass sich dem irgendetwas in den Weg stellt. Fülle und Wohlergehen stehen zur Verfügung und warten nur auf dich.

Du *brauchst* Fülle. Als verkörperter Meister brauchst du Geld, materielle Ressourcen, ein schönes Heim und ein zuverlässiges Auto. Also erlaube dir dann auch, sie zu empfangen.

Mach dir keine Sorgen darüber, zu viel Fülle anzunehmen, denn sie steht im Überfluss zur Verfügung. Jeder kann sogar noch mehr als genug erhalten, wenn er sich dafür entscheidet, aber das richtige Maß an Fülle wird in jedem Fall zur absolut richtigen Zeit da sein.

Gesundheit

Gesundheit bedeutet, ein Gleichgewicht in der physischen Verkörperung zu erfahren. Du möchtest und brauchst einen gesunden Körper. Es gibt keinen Grund und keinen Zweck dafür, eine Menge Beschwerden und Schmerzen zu haben. Sie sammeln sich an und tauchen von Zeit zu Zeit auf, einfach weil man sich in dieser dichten, festen bzw. starren Realität aufhält. (Deshalb empfehle ich, sich jeden Monat drei Tage zu nehmen, um den Körper zu regenerieren.) Beschwerden müssen aber kein Thema sein.

Tiefes Atmen ist eines der besten Dinge, die ihr für euren physischen Körper tun könnt. Wenn ihr im Wasser seid, ob man nun badet oder im Meer schwimmt, so hilft das, die Toxine zu lösen, die sich im Körper aufbauen. Es spielt keine Rolle, ob ihr Krebs, Diabetes, Herzprobleme oder irgendetwas anderes habt: Von diesen Dingen kann man sich befreien. Sie dienen euch wirklich nicht mehr.

Dein Körper besitzt die Fähigkeit, sich selbst zu verjüngen und zu erneuern, dir Jugend und Vitalität zu verleihen. Bisher funktionieren Körper und Geist sehr ineffektiv dabei, wie sie Energie nutzen. Wenn du dich für mehr Energie öffnest, wirst du feststellen, dass es sehr, sehr wenig davon braucht, um die Bedürfnisse des Körpers zu erfüllen.

Man verliert sich leicht in Diätvorschriften und Ernährungsregeln darüber, was man essen sollte und was nicht, was gut für dich und was schlecht für dich sei. Denkt daran, dass diese Regeln von Menschen stammen, die nicht auf derselben Bewusstseinsebene sind wie ihr. Deren Gedanken über die Ernährung mögen für sie stimmen und sogar für viele andere Leute zutreffen, aber höre auf *deinen eigenen* Körper. Er wird dir sagen, was er braucht. Das ergibt anfangs vielleicht keinen Sinn, aber dein Körper wird dir sagen, wann du essen sollst, was und was nicht, und das wird sich auch immer wieder ändern. Verliert euch bitte nicht in Diäten, denn das bedeutet, das Vertrauen in euren Körper abzustellen, und der wird entsprechend reagieren. Das *Anayatron* des Körpers (das biologische Kommunikationsnetzwerk) wird seine natürlichen Mitteilungen stoppen, solange ihr mit Diätregeln herumspielt.

Beziehungen

Die Seele braucht zwar nicht unbedingt eine Beziehung, aber der Mensch neigt noch dazu, dieses Bedürfnis oder diesen Wunsch zu haben. Die erste und beste Beziehung ist die mit dir selbst, aber es gibt auch ein starkes Verlangen, Beziehungen mit anderen zu haben, sich mit anderen Menschen auszutauschen und Erfahrungen zu sammeln.

Für jene, die in ihr spirituelles Erwachen kommen, sind Beziehungen eines der schwierigsten Themen. Du gehst aus karmischen Beziehungen heraus – also aus Beziehungen mit Freunden, Angehörigen und geliebten Menschen aus früheren Lebenszeiten – in eine ganz andere Art von Beziehung. Die neuen Beziehungen werden viel freier sein, es gibt dabei wenig oder keine Energieräuberei, und du brauchst auch weitaus weniger Beziehungen.

Du wirst immer noch fähig sein, mit anderen Menschen zu interagieren, aber ich wage zu behaupten, dass du sie manchmal als ziemlich mühsam und lästig oder unangenehm empfinden wirst. Du wirst feststellen, dass es dir immer schwerer fallen wird, dich in Menschenmengen aufzuhalten oder mit vielen anderen Leuten zusammen zu sein. Da herrscht ein solch hoher »Energiegeräuschpegel« und du wirst empfindlicher als je zuvor auf die Energien anderer reagieren – also höre auf deinen eigenen Wunsch nach Abgeschiedenheit.

Wenn diese grundlegenden Dinge einmal klar sind, muss dennoch gesagt werden, dass es immer noch die menschliche Sehnsucht nach intimen Beziehungen gibt. Wähle also eine Beziehung aus, die *für dich gesund* und für euch beide gleichermaßen wohltuend und förderlich ist. Sei in einer Beziehung, die dich inspiriert und dir erlaubt, andere zu inspirieren. Die Tage der alten verstrickten karmischen Beziehungen sind endgültig vorbei. Sie waren ja irgendwie mal ganz interessant, sie boten eine Menge Drama, aber du brauchst solche Beziehungen jetzt nicht mehr.

Selbstwert

Mitgefühl für sich selbst ist ein menschliches Bedürfnis. Es ist auch ein Bedürfnis der Seele, aber auf jeden Fall ein menschliches Bedürfnis. Denn wie könntest du all diese anderen Dinge haben – Fülle, Gesundheit und Beziehungen –, ohne dich selbst zu achten und zu ehren?

Das bedeutet, sich selbst zu vergeben, Mitgefühl mit sich selbst zu haben, alles zu akzeptieren, was bisher geschehen ist, gleich was es sein mag. Das fällt vielen Menschen wirklich schwer, weil sie sich immer noch an die Bilder und Erinnerungen aus der Vergangenheit klammern möchten. Sie bewahren sie so auf, als ob sie Bilder an die Wand hängen würden, als Gedächtnisstütze dafür, was sie vermeiden sollten zu tun, oder als Erinnerung daran, was sie falsch gemacht haben. Bitte nimm all diese Bilder jetzt von deiner inneren Wand herunter, denn sie sind nichts als Illusionen. Sie sind weder vollständige noch akkurate Abbildungen dessen, was wirklich geschehen ist.

Wenn du diese Bilder jetzt von der Wand abhängst, wenn du dir vergibst und diese Dinge in völligem Mitgefühl loslässt und gehen lässt, wird wie durch Magie ein neues Bild erscheinen. Es wird ein holografisches Bild sein und nicht auf das beschränkt sein, woran sich der Verstand erinnert. Es wird ein umfassenderes, deutlicheres und einfühlsameres Bild sein, das von der vergangenen Erfahrung Zeugnis ablegt.

Wenn es irgendetwas gibt, woran es sich zu erinnern lohnen würde, wenn du irgendetwas an den Wänden deines spirituellen Hauses aufhängst, dann sollte es eine Ehrentafel für dich selbst sein, als Erinnerung daran, dass du zu weit fortgeschritten bist, um jemals wieder in alte, unstimmige Muster zurückzufallen. Du wirst nie wieder aus einem niederen Bewusstsein heraus agieren. Du wirst nie wieder ohne Mitgefühl handeln. Du hast zu viel Weisheit gewonnen und dein Bewusstsein ist zu weit geöffnet und ausgedehnt, als dass du jemals wieder in Verbrechen zurückfallen oder andere verletzen würdest. So etwas wirst du einfach nicht mehr tun. Du kannst also all diese schuldbeladenen Bilder von der Wand nehmen und nur eine Erinnerung dafür aufhängen, dass all das nie wieder geschehen wird.

Es ist entscheidend, dass du dir selbst darüber im Klaren bist, was du brauchst, wenn du in die Erleuchtung gehst.

Du möchtest ja nicht mit halber Fülle, nur halbwegs gesund oder während du in einer halbherzigen Beziehung steckst, dort hineingehen.

Sei klar mit dir selbst und ordne an, dass es so sei. Du musst den Geldbetrag nicht genau definieren, sondern einfach reichliche Fülle, umfassende vollkommene Gesundheit und nährende Beziehungen erlauben und annehmen.

Erinnere dich selbst oft daran, denn ihr neigt dazu, abzugleiten und in alte Muster zurückzufallen. Erinnere dich ganz deutlich daran, dass es *genau das* ist, wofür du dich entscheidest und dass du dazu jetzt bereit bist. Dann werden die Energien kommen, um dir zu dienen.

Wenn du dir nicht im Klaren bist, wenn du das nicht weißt, wenn du nur darauf wartest, dass irgendetwas geschehen möge, werden die Energien entsprechend reagieren. Es wird nicht viel passieren. Wenn du sehr deutlich bist, wenn du dich selbst dafür engagierst und es ernst nimmst, werden diese Dinge sich auf den Weg zu dir machen, gleich was sonst geschieht.

Göttlichkeit und Mensch sein im Vergleich

Du bist eine Seele, ein Seelenwesen inmitten einer menschlichen Erfahrung. Ich gehe davon aus, dass du das realisierst. Im Endeffekt gibt es gar keinen Unterschied zwischen dem menschlichen mentalen Wesen und dem ICH BIN oder der Seele, aber du lebst in der Illusion der Trennung. Du lebst innerhalb der verschiedenen Parameter der jeweiligen Teile, was sehr, sehr schwierig ist. Das ist manchmal der Grund, warum du körperliche Schmerzen erlebst, denn du entwickelst deinen Lichtkörper, während du in der Biologie, also im physischen Körper, bleibst. Das ist auch der Grund, warum du eine Menge an mentalen Herausforderungen und Zweifeln erlebst, denn du bist dabei, über deinen Verstand hinauszugehen, während du zugleich noch versuchst, ihn zu benutzen.

Schauen wir uns also die fünf grundlegenden Unterschiede zwischen eurem menschlichen Selbst und eurem göttlichen Selbst an. Wenn ich sage »Überlass das deiner Göttlichkeit«, ist es wichtig zu wissen, was ich damit meine.

Leidenschaft vs. Bedürfnisse
Sinnlichkeit vs. Emotionen
Erfahrung vs. Handlung
Leuchten vs. Bewerten
Weisheit vs. Erinnerung

Das Göttliche hat Leidenschaft

Die Seele besitzt eine große Leidenschaft und Begeisterung, sich selbst zu erkennen, sich selbst zu erfahren und sie selbst zu *sein*. Diese Sehnsucht richtet sich auf nichts außerhalb ihrer selbst. Es ist ein Verlangen nach sich selbst. Man könnte sagen, dass dieses Streben mit der leidenschaftlichen Frage »Wer bin ich?« begonnen und dass diese Sehnsucht die Seele seither auf diese bemerkenswerte Reise geführt hat. Es ist keine Leidenschaft, den Kosmos oder andere beseelte Wesen zu verstehen. Diese Passion ist einzig und allein für dein Selbst da.

Ich bitte dich jetzt, dir einen Augenblick Zeit zu nehmen und dich in diese Leidenschaft einzufühlen. Sie ist die innere Flamme, die Sehnsucht der Seele. Es hat sie immer gegeben. Und wenn ein Mensch in Verzweiflung und Dunkelheit stürzt und nicht weiß, wie er den nächsten Tag überleben soll, dann ist es diese ursprüngliche Leidenschaft, die auftaucht und den Menschen inspiriert weiterzumachen.

Die Leidenschaft deiner Göttlichkeit ist die Ursache der Schöpfung.

Die starke Leidenschaft der Seele entzündet ihr Licht und sendet einen Strahl ihrer selbst in die Erfahrung hinaus. Dieser Strahl von Verlangen zieht Energie an (die im Allgemeinen polar ist und sowohl einen positiven [+] als einen negativen [–] Ausdruck kennt) und manifestiert schließlich Realität. Dann springst du als ein beseeltes Wesen in diese neue Realität, um Erfahrung zu sammeln. Nicht um Lektionen zu lernen, auch nicht als Buße oder Sühne, sondern um der Freude willen, in deiner Schöpfung zu leben.

Die Leidenschaft der Seele wird sich manchmal über die menschlichen Bedürfnisse und Wünsche hinwegsetzen, da sie diese in Wahrheit gar nicht versteht. Ihr habt bisher das Menschen-Spiel gespielt – gefangen in Bedürfnissen, anstatt sich für Passion zu öffnen, in Gedanken verhakt zu sein, statt euch auf Sinneserfahrungen einzulassen. Und ab einem bestimmten Punkt überholt die Seele den Menschen bzw. tritt an seine Stelle.

Sie interveniert eigentlich nicht, sondern folgt nur ihrem eigenen Kurs und kümmert sich nicht darum, ob der Mensch strampelnd oder schreiend oder gar tot daherkommt, weil das für die Seele schlicht keinen Unterschied ausmacht.

Deshalb kann das Erwachen ja so schwierig sein. Die Seele ist bereit, sich vorwärtszubewegen, und der Mensch sagt: »Warum passieren all diese schlimmen Dinge in meinem Leben?« Ihr schaut euch Horoskope an, macht

Tarotsitzungen und all solche Dinge – aber es geschieht alles nur, weil die Seele in ihrer sinnlichen Liebe für das Selbst vorwärtsgeht. Sie ist der eigenen menschlichen Spiele überdrüssig und geht weiter.

Vielleicht sagst du jetzt: »Na, das ist aber brutal. Begreift die Seele denn nicht, dass ich keinen Krebs kriegen will? Dass ich nicht mein Haus verlieren will?« Nein, das versteht sie wirklich nicht, denn für die Seele sind dies nur die flüchtigen Erfahrungen des Menschen. An einem gewissen Punkt will die Seele – und das bist du! – nicht mehr weiter in den Einzelheiten des menschlichen Lebens stecken bleiben. Sie liebt das menschliche Selbst, aber zu einer bestimmten Zeit bzw. an einem bestimmten Punkt interessiert sie sich mehr für die Erfahrung von Existenz als für die Erfahrung von Beschränkung.

Da findet also eine interessante Dynamik statt und vielleicht reizt dich das und macht dich fast ein bisschen wütend. »Was?! Hab ich denn bei der ganzen Sache gar nichts zu sagen?!« Ahhh! Jetzt fügen wir alles zusammen: Doch, du hast sehr wohl etwas dabei zu sagen. Du *kannst* absolut gleichzeitig auf der Ebene einer Seele *und* eines Menschen wirken und dich nicht nur dafür entscheiden, wie du durch deine Erfahrung spazieren möchtest, wie sie sich aufbauen und entfalten soll, sondern auch, wie du sie verwirklichst und wie du sie in der Zukunft erleben willst. Das ist erstaunlich!

Ah, atme tief durch.

Du hast bis jetzt eine Menge an Information und Energie aufgenommen. Gib dir jetzt einige Augenblicke, dich richtig in alles hineinzufühlen: in das ICH BIN mit seiner Weisheit und seiner Sehnsucht, sich selbst zu fühlen; in den Menschen mit seinen Bedürfnissen und reichen Erfahrungen. Spüre diesen heiligen und zugleich kritischen Verbindungspunkt der Erkenntnis, während du im Körper bist, der Erkenntnis des ICH BIN, der Leidenschaft der Seele, während du zugleich die menschlichen Bedürfnisse stillst.

Atme tief ein und fühle.

Die Leidenschaft der Seele ist unermesslich. Sie verändert sich nicht, sie schwankt nicht. Sie ist konstant, immer existent, immer maßgeblich. Und sie ist es, mit der du dich in deinen dunkelsten Momenten und in veränderten Bewusstseinszuständen verbunden hast. Du brauchst aber keine solchen extremen Erfahrungen zu durchleben, um die Leidenschaft der Seele zu spüren. Du kannst es jetzt und hier tun.

Es geht dabei nicht unbedingt um einen Herzschlag oder einen Rhythmus. Noch nicht einmal um das, was ihr Licht oder Liebe nennt. Es ist noch einfacher. Die Leidenschaft der Seele unterliegt weniger Definitionen als alles das.

Atme tief ein und fühle die Leidenschaft der Seele.

Der Mensch hat Bedürfnisse und Wünsche

Während die Göttlichkeit Leidenschaft besitzt, hat der Mensch Bedürfnisse und Wünsche. Der Mensch hat sogar eine ganze *Menge* an Bedürfnissen und das ist absolut in Ordnung. Wenn du in dieser menschlichen Realität lebst, hast du materielle Bedürfnisse wie Nahrung, Luft, Wasser und Unterkunft. Du hast emotionale Bedürfnisse nach Liebe, Gemeinschaft und Anerkennung. Vermutlich ist der Wunsch, anerkannt zu werden, das größte emotionale Bedürfnis. Warum? Weil du dir schwer damit tust, dich selbst zu akzeptieren. Also gehst du nach draußen und suchst dir Anerkennung durch andere Menschen und Umstände.

Du versuchst, Anerkennung in deiner Arbeit zu finden, was wirklich ziemlich schwierig ist, weil jeder andere das dort auch versucht. Wer aber gewährt die Anerkennung? Ha, das ist ein Teil des Spiels am Arbeitsplatz, dass du nicht wirklich weißt, wer die Anerkennung gibt.

Du suchst nach Anerkennung in Beziehungen. Manchmal nennst du es Liebe, aber meistens sucht man nach Anerkennung. Ja, es gibt Fälle von wahrer Liebe – aber so oft geht es in einer Beziehung um Anerkennung und Spiegelung. Man spiegelt sich über den Partner und benutzt ihn, um bestimmte leere Räume in einem selbst zu füllen. Oder man schaut nur, ob der Partner bzw. die

Partnerin einen akzeptiert, damit man sich selbst annehmen kann.

Der Mensch braucht Geld. Das ist ein ziemlich wichtiger Faktor, um in der heutigen Gesellschaft zu überleben, aber das stellt für sogenannte spirituelle Menschen oft zugleich eine Herausforderung dar, tatsächlich zuzugeben, dass sie Geld brauchen. Ganz davon zu schweigen, dass sie Fülle für sich selbst empfangen und annehmen.

Ihr habt Bedürfnisse im Hinblick auf Gesundheit und Wohlergehen, und diese Bedürfnisse sind wichtig. Man sollte sie nicht abstreiten, sondern sich vielmehr darum kümmern, dass die Seele all diese Bedürfnisse versteht.

Der Seele sind deine menschlichen Bedürfnisse kein so großes Anliegen, wie sie es für dich sind. Für dich sind sie von äußerster Bedeutung und meistens werden sie weit über das Bedürfnis für solche Dinge wie Erleuchtung gestellt. Auf die Erleuchtung bist du getrost bereit, noch zu warten, nicht aber zu lange auf dein Abendessen!

Atme tief durch und fühle einen Moment lang in deine menschlichen Bedürfnisse. Worin bestehen sie? Schreibe sie auf, wenn du willst, und sei dabei so detailliert und zweckmäßig, wie du möchtest.

Was sind deine menschlichen Bedürfnisse?

Ja, es gibt eine ganze Menge davon. Du hast vielleicht eine lange Liste deiner menschlichen Bedürfnisse, und das ist auch ganz in Ordnung. Denn wenn du deine Bedürfnisse negierst, lehnst du einen wesentlichen Teil deiner selbst ab und verleugnest ihn.

Menschen konzentrieren sich auf die Bedürfnisse des Überlebens sowie auf das tiefe Bedürfnis, ihre Identität in dieser Realität zu bestätigen. Man verwendet Zeit und Energie, um diese Realität an sich zu bestätigen, und dann, um sich selbst darin zu bestätigen. Du merkst also, wie leicht man tief in diese Realität eintauchen kann, allein durch die Grundbedürfnisse nach Anerkennung und Überleben. Das ist ein ziemlich begrenzter Zustand, aber eben Teil der Erfahrung.

Du musst deine Seele wissen lassen, was du brauchst. Du sagst vielleicht: »Aber begreift die Seele denn nicht, dass ich ein Bankkonto habe, dass ich ein Auto und Geld brauche?« Nein, nicht wirklich, denn in gewisser Hinsicht ist ihr das egal. In ihrem Verlangen nach Erfahrung lässt sich die Seele durch solche Dinge nicht ablenken. Wir stellen sie jetzt einmal zusammen, damit die Seele die Bedürfnisse des Menschen wirklich versteht – doch dabei sollen diese Bedürfnisse nicht die wahre Leidenschaft der Seele außer Kraft setzen.

Das Göttliche ist sinnlich

Die Seele, das ICH BIN, liebt Sinnlichkeit, Sinneserfahrungen. Sie bewertet sie nicht, sondern genießt sie. Ob sich das nun durch dich als ihren menschlichen Aspekt vollzieht oder einfach, indem die Seele in das tiefe, sinnliche Gefühl des »Ich existiere« eintaucht – sie liebt Sinneserfahrungen. Die Seele hat ihre Zeit geliebt, als sie sich als ein Engel im Kosmos zum Ausdruck gebracht hat, da draußen in anderen Dimensionen. Als sie sich als Farbe erlebt hat, als nicht körperliches Wesen, als eine Art gasförmige Substanz. Sie hat es geliebt, ihre Identität zu fühlen und sich gemeinsam mit anderen Wesenheiten dort in anderen Ebenen zu erfahren und dabei kein Bedürfnis erfüllen zu müssen, außer zu fühlen, nichts zu tun, nichts tun zu müssen, außer sich selbst zu erkennen, wieder und wieder. Sie liebt die sinnlichen und sinnenhaften Erfahrungen.

Da draußen im Kosmos sind Musik, Farben, Bewegung, Energie, interdimensionale Tänze. Die Seele liebt das. Der gesamte Kosmos ist das Spielfeld der Seele. Jede dieser Sinneserfahrungen kommt zur Seele zurück als eine Erinnerung – »Ich existiere! Gepriesen sei das wahre Selbst, ich existiere. Niemals kann ich *nicht* existieren und deshalb kenne ich keine Angst. Ich existiere.«

Engel, Seelen, sind sehr sinnliche Wesen. Sie lieben es zu *fühlen*. Sie lieben Sinneserfahrungen, sei es durch Farben, Musik, Zeitreisen, Dichte oder irgendeine andere Form von sinnlicher Erfahrung. Die Sehnsucht nach einer sinnlichen, sinnenhaften Erfahrung ist es ja, was euch hier auf die Erde gebracht hat. Auf der Erde zu sein, ist für ein Engelwesen eine erstaunlich sinnliche Erfahrung, weil man sich dabei in einer sehr langsamen und dichten bzw. festen Realität erfahren kann.

Diese sinnliche Natur ist in dir angelegt. Sie ist ein integraler Bestandteil von dir. Auch als Mensch strebst du nach Sinneserfahrungen in eurer physischen Realität – manchmal durchaus auch verzerrt und verdreht –, aber eben um der sinnlichen Erfahrungen willen. Das erlebt oder manifestiert man oft durch sehr körperliche Dinge wie sich zu lieben, zu essen, im Wald spazieren zu gehen, laut zu singen, einen gruseligen Film zu sehen, Achterbahn zu fahren oder durch andere intensive Aktivitäten. Das sind alles Sinneserfahrungen und sinnlicher Ausdruck, und die Seele liebt das. Sie saugt es tief in sich hinein.

Spüre da mal einen Augenblick hinein. Fühle das Seelen-Selbst und sein leuchtendes Verlangen nach Sinneserfahrung.

Der Mensch ist emotional

Im Kontrast zur sehr sinnlichen Natur der Seele hat der Mensch Gedanken und Emotionen. Der menschliche Verstand bildet sich gern ein, dass er fühlen würde, aber in Wahrheit kann er gar keine echten Sinneserfahrungen machen. Also hat er eine falsche sensorische Natur erzeugt, die man Emotion nennt. Falsch, weil sie nicht wirklich sinnlich ist, nicht auf Sinneserfahrungen beruht. Dann findet der menschliche Verstand Wege, um Emotionen und Drama zu erzeugen als einen billigen Ersatz für echte Sinneserfahrung. Der Verstand glaubt, er würde fühlen, aber er hat nichts als Emotionen.

Du kennst sicher jemanden (vielleicht bist du das sogar selbst), der – wenn die Umstände stabil sind und es im Leben gut läuft – irgendwie immer eine Möglichkeit findet, alles in Unordnung zu bringen, alles zu stören und Drama reinzubringen. Du kennst Menschen, die immer Drama um sich herum haben – mit ihren Familien, in ihren Gedanken. Irgendetwas bricht immer irgendwo zusammen, damit sie da reingehen können, um andere zu retten oder um selbst gerettet zu werden. Das hilft diesen Menschen gewissermaßen, sich lebendig zu fühlen. Aber es beruht alles auf Gedanken und nicht auf echter Sinneserfahrung.

Stell dir einen Moment lang vor, dass du tatsächlich alle Dramen und alle Emotionen loslassen würdest. Das wirkt am Anfang vielleicht ziemlich langweilig. Du vermisst da etwas, denn das waren deine Futtertröge. Das waren Orte, an denen du Energie erhalten hast und wo dir Energie genommen wurde.

Aber stell dir vor, dass du über dieses Muster von Gedanken und Emotionen hinausgehst, dass du es »transzendierst« und echter Sinneserfahrung in deinem Leben Raum gibst. Zum Beispiel von der Art, dass du im Meer oder im Pool schwimmst, wobei du ganz ins Wasser eintauchst. Das fühlt sich dann nicht nur kühl und nass auf deiner Haut an, sondern das Wasser ist lebendig und deine Haut interagiert damit. Du atmest die Essenz des Wassers ein, natürlich nicht in deine Lungen, sondern du atmest die energetische Essenz des Wassers in dein Selbst ein.

Jetzt wird es zu einer echten Erfahrung, jetzt wird es ganz lebendig. *Das* ist ein sinnliches Erleben, *das* ist eine Sinneserfahrung. Meistens geht ihr nur ins Wasser, um zu schwimmen oder euch abzukühlen oder ein paar Minuten zu entspannen, aber nie, um euch in die *Erfahrung* von Wasser ganz innig und aufs Engste einzulassen.

Das könnt ihr auf alles anwenden. Denkt mal an Kunst. Oft sieht das Auge das Bild an der Wand und sagt: »Nun ja, das sieht schön aus.« Du magst es oder du magst es nicht. In einer echten Sinneserfahrung wird Kunst, wird dieses Bild zum Leben erweckt und plötzlich bist du mittendrin und erfährst es. Es ist lebendig geworden und du tauschst dich mit ihm aus. Es gibt dabei keine Emotionen und kein Drama, keine Bewertung von »Ich mag es oder ich mag es nicht«. Es ist einfach eine tiefe, sinnliche Erfahrung.

Auf diese Weise gehst du als ein verkörperter Meister, als eine verkörperte Meisterin in diese neue Ära. So wird das Leben zu einer sehr, sehr sinnlichen Erfahrung.

Das Göttliche liebt Erfahrung

Deine Göttlichkeit begreift nicht solche Sachen wie menschliches Leid und Schmerz oder nicht genug Geld zu haben. Für die Göttlichkeit ist das nichts als eine weitere Erfahrung. Das Göttliche trifft keine Bewertungen darüber, ob das gut oder schlecht ist. Der Mensch spürt natürlich Leid und Schmerz.

Die Seele liebt Erfahrung. Sie hat keine Angst vor irgendetwas, irgendjemandem oder irgendeiner Erfahrung. Sie fürchtet sich nicht vor zu viel Energie. Manchmal erlebt ihr eine schwierige Zeit an einem Ort mit hoher oder chaotischer Energie. Das überfordert den Körper. In einer echten Erfahrung der Seele gibt es jedoch keine Überwältigung; da gibt es kein »Zuviel«. Da muss nichts herausgefiltert werden. Da kann man sich öffnen und ohne Angst in eine reine Sinneserfahrung eintauchen, ohne Sorge, ein Burn-out des Körpers zu erleben, andere Leute zu verletzen oder ein falsches Ergebnis zu erzielen. Man macht einfach eine vollkommene Sinneserfahrung.

Die Seele besitzt dieses herrliche, großartige Gespür *des ICH BIN, Ich existiere.* Dann springt es in eine wunderschöne, einfache und wertfreie Sinneserfahrung und taucht darin ein. Für die Seele gibt es kein richtiges oder falsches Geschehen; sie verliebt sich einfach erneut in das Selbst, und das passiert immer wieder durch jede neue Sinneserfahrung.

Der Mensch liebt es, zu agieren

Während das Göttliche in Erfahrungen geradezu badet, zieht der Mensch es vor zu handeln. Er handelt gern entsprechend der Energien und reagiert darauf, er erzwingt sie. Er setzt sich gern Ziele, macht Pläne und entwirft Programme – also alles Dinge, die sehr mental sind. Das menschliche Selbst möchte eine Ursache und eine Wirkung. Es möchte Energie bewegen und *spüren,* dass es Energien bewegt. Natürlich wird sich die Energie sowieso von selbst bewegen, aber der Mensch möchte gern Regie führen, oder sich zumindest einbilden, dass er das täte.

Der Mensch bringt immer Drama mit – eine große Menge an Drama! Drama bietet Anregung und liefert Reize, und auf eine eigentümliche Weise erinnert das den Menschen daran, dass er lebendig ist. Das ist der Grund, warum Leute, wenn ihr Leben ruhig und ausgeglichen ist, so oft Drama erzeugen, um »im Topf herumzurühren« – um ein (eigentlich falsches) Gefühl zu erzeugen, dass sie lebendig sind. Oh, Menschen machen die verrücktesten Dinge.

Aber selbst wenn der Mensch agiert oder sich Drama kreiert, spürt er gewöhnlich gar nicht die gesamte Erfahrung. Der Verstand verdrängt das meiste, was in einer Erfahrung geschieht, und sagt: »Ich sehe und höre das nicht, also passiert es auch nicht.« Du kannst jedoch durchaus in eine frühere Erfahrung zurückgehen und fühlen, was *wirklich* passiert ist, weil so viel mehr daringesteckt hat. Der Verstand zergliedert und bewertet es und erinnert sich dabei nur an die traumatischen Teile, und dieses Tonband lässt er gern in einer Dauerschleife laufen.

Dann, nur um es noch verwirrender zu machen, versucht der Mensch, das Geschehen aufzuarbeiten. Menschen versuchen es zu verstehen und zu heilen und deshalb gehen sie zu einem Psychologen und sprechen darüber, sie lassen es wieder auferstehen und durchleben es erneut und immer wieder. Das führt jedoch nur dazu, dass die sehr begrenzte Natur der Erfahrung bestätigt und sogar umso stärker fixiert wird.

Also plant der Mensch und zettelt alle möglichen Aktionen an, die er unternehmen wird. Sogar in deiner eigenen Erleuchtung hast du versucht, aktiv zu werden, aber warum? Die Seele kümmert sich schon um deine Erleuchtung. Du musst nichts anderes tun, als sie zu empfangen, anzunehmen, zu erlauben und sie zu erleben, zu erfahren. Und doch meint der Mensch, er müsse alles planen, dass er bestimmte Aktionen unternehmen müsse, um bestimmte Ergebnisse zu erzielen.

Meine Bemerkungen sollen den Menschen nicht herabsetzen. Ich weise nur darauf hin, wie ihr bislang funktioniert, wie ihr bisher agiert und reagiert habt, und wie man versuchen kann, am Ende alle Puzzleteile zusammenzufügen. Wir wollen und werden den Menschen ja nicht eliminieren, sondern das Göttliche *und* das Menschliche integrieren. Wir werden Leidenschaften *und* Bedürfnisse integrieren, weil sie beide wichtig sind.

Atme tief durch und spüre, was *das* bedeuten könnte – eine offene, sinnliche, leidenschaftliche, spielerische, unbearbeitete und absolut gefühlvolle Erfahrung.

Die Göttlichkeit strahlt

Die Seele liebt es geradezu, ihre leidenschaftlichen, sinnlichen Erfahrungen zu machen. Viele der Wesenheiten mit einem höheren Bewusstsein, die auf der anderen Seite sind – besonders dann, wenn sie schon einmal auf der Erde waren –, werden einen speziellen Traumzustand erschaffen, der ihnen sehr real erscheint. Sie erzeugen quasi einen Raum, eine besondere Landschaft, ein raffiniertes Essen oder irgendetwas anderes, was ihnen vorschwebt, nur um diese Sinneserfahrung zu machen.

Wenn das Wesen dann diese leidenschaftliche Sinneserfahrung durchlebt, bricht ein Leuchten aus der Seele hervor. Du könntest sagen, es ist wie Licht, doch ist es viel feiner und vergeistigter als Licht. Es ist eine Öffnung, ein strahlender Glanz. Es ist wieder einmal die Selbsterkenntnis, das Sich-neu-Verlieben in sich selbst. Jedes Mal, wenn die Seele eine sinnliche, wunderschöne Erfahrung macht, entsteht eine weitere Ebene, eine neue Schicht an Ausstrahlung und glanzvoller Öffnung, eine neue Verliebtheit in sich selbst. Ah, wie wunderschön.

Fühle einen Augenblick da hinein, in die erstaunliche Ausstrahlung der Seele. Wenn du als Mensch eine leidenschaftliche Sinneserfahrung durchläufst – ob du sie nun für gut oder schlecht halten magst –, nimmt die Seele sie auf, saugt sie ein und strahlt und leuchtet von Neuem.

Mit jeder neuen Erfahrung öffnet und entfaltet sie sich selbst immer weiter. Die Seele trifft keinerlei Bewertung und sie hegt keinerlei Wünsche, dass irgendetwas anders hätte gemacht werden sollen. Die Seele liebt ihr Leben einfach, ihre Existenz, ihr Selbst und jede einzelne Erfahrung, die sie je gemacht hat.

Der Mensch urteilt

Nachdem der Mensch seine Taten vollbracht und seine Erfahrungen gemacht hat, urteilt er: »War das gut oder schlecht? Habe ich das gemocht oder nicht? Hat sich das als richtig oder falsch herausgestellt?« Du wirst keine Seele finden, die so vorgeht. Für die Seele ist es einfach eine Erfahrung. Der Mensch macht sich Sorgen um die Armut und die Zukunft und fürchtet das Sterben. Die Seele sorgt sich um überhaupt nichts.

Der menschliche Verstand trifft eine Menge Urteile, die zu energetischen Prägungen werden, die dann im Gedächtnis gespeichert und später als Referenzpunkte genutzt werden, wenn du über deine nächste Handlung nachdenkst oder deine nächste Erfahrung machst.

Der Verstand setzt gern die Dinge in Beziehung. Er bezieht jedes Ereignis und jede Erfahrung auf irgendetwas aus der Vergangenheit. Er verknüpft alles, was du tust, mit etwas, was du schon einmal getan hast. Wenn du eine Entscheidung treffen musst oder vor einer Wahl stehst, wird der Verstand das sofort in Wechselbeziehung setzen zu etwas, was in der Vergangenheit geschehen ist. Auch wenn es nicht genau dasselbe ist, wird der Verstand versuchen, etwas zu finden, was relativ ähnlich war, weil er eben gern korreliert.

Diese Korrelationen und Bewertungen, die Dinge zueinander in Beziehung setzen, grenzen die Erfahrungen der Seele ein. Je mehr Handlungen und Erfahrungen du durchläufst, desto mehr Urteile gelangen in die Datenbank des Verstandes und desto beschränkter wird sie. Dann fällt es schwerer, eine Entscheidung zu treffen, und bald steckst du wieder in derselben eingefahrenen Spur, wiederholst die gleichen alten Dinge und bildest dir dabei auch noch ein, dass das ja ganz sicher eine sichere Bank sei, weil du glaubst, das Ergebnis zu kennen, bevor du überhaupt anfängst. Je mehr Lebenszeiten und Erfahrungen du auf der Erde gehabt hast, desto voreingenommener und wertender und begrenzter wirst du, weil du nun eine ganze Vorgeschichte von Versuchen hinter dir hast festzustellen, was richtig und falsch ist, gut und schlecht, was du magst und was nicht. Aufgrund der Wertungen des Verstandes, der alles in Beziehung zueinander setzt, gelangst du in Wiederholungsmuster und spielst immer wieder und wieder dieselben Szenarien durch.

Zum Schluss taucht etwas auf, das sagt: »Ich bin diese Wiederholungen dermaßen leid. Ich bin ganz krank von dieser täglichen Plackerei, immer wieder das Gleiche zu tun.« Etwas in dir schreit auf: »Wir müssen es mal anders machen!« Aber wenn dann die Frage aufkommt »Hey, bist du bereit, *jetzt* in diesem Augenblick über die Schwelle der Erleuchtung zu treten?«, ziehst du sofort zurück. »Ja, jeden Tag, nur nicht gerade heute.«

Gleich, welche Art von Erfahrung du machst und egal, wie der Verstand sie bewertet, nimmt die Seele die Sinneserfahrung und destilliert sie zu diesem wunderschönen Tropfen von Weisheit, der geradewegs zurück in die Seele fließt. Das Symbol der Weisheit ist der Kelch, der die Seele symbolisiert, welche die Weisheit all ihrer Erfahrungen aufnimmt.

Während du hier sitzt und diese Worte liest, werden all die Erfahrungen, die du als Mensch gemacht hast, von der Seele zu Weisheit destilliert. Die Seele kümmert sich dabei nicht um irgendwelche Details, Daten, Zeiten oder gar um deine Werturteile. Sie nimmt einfach die Sinneserfahrung und destilliert sie zu einem Tropfen von Weisheit, der zurück in die Seele gelangt. Und dann beginnt der Vorgang von Neuem: Die Seele saugt die Liebe für sich selbst auf, sie nimmt das Gefühl der Freude und das Wissen in sich auf, dass sie existiert. Wunderschön!

Im Unterschied dazu wird der Verstand seine Bewertungen vornehmen, diese im Gedächtnis speichern und das dann als Realität definieren. Schlimmer noch: Der Verstand hat eine verzerrte Wahrnehmung des Geschehens in der Vergangenheit und deshalb auch eine verfälschte Sicht seiner derzeitigen Realität.

Nehmen wir an, vor drei Tagen ist dir etwas zugestoßen. Der Verstand wird sich vorzugsweise an die dramatischen Aspekte des Geschehens erinnern, die weniger offensichtlichen ignorieren und sich dann selbst sagen – und es auch glauben –, dass bestimmte Dinge an einem bestimmten Tag entsprechend eines bestimmten Musters passiert sind. Das ist zwar absolut nicht wahr, aber der Verstand glaubt es und sagt sich: »Nein, ich erinnere mich genau. Es war 12.07 Uhr, als mein Auto in ein anderes Auto krachte und es ist genau so passiert.« Stimmt nicht. Das ist alles, woran du dich *erinnerst,* was geschehen ist. Du hast alle die anderen Energien und Erfahrungen rund um dieses Ereignis nicht wahrgenommen und so wird es zu einem traumatischen Erlebnis für den Menschen.

Du hast das Ereignis, so wie du es wahrgenommen hast, in deinem Gedächtnis gespeichert. Es wird zu einem Bestandteil deiner trügerischen Vergangenheit und wird dann dazu benutzt, um zu entscheiden, was du als Nächstes machen sollst, was du in Zukunft glaubst, machen zu sollen. Und plötzlich ist es damit zu einer Beschränkung geworden. Je mehr Leben du hast und je mehr Erfahrungen du machst, desto mehr Vorbehalte und Begrenzungen installierst du. Bald hörst du dich sagen: »Ich gehe nie wieder aus dem Haus raus, weil jedes

Mal, wenn ich rausgegangen bin, all diese schlimmen Dinge passiert sind.« So funktioniert der Verstand. Das ist zwar ein bisschen übertrieben, aber so läuft es ab.

Das Gedächtnis ist wichtig, solange es *wahre* Erinnerungen sind und nicht nur eine begrenzte Sicht dessen, wovon du glaubst, dass es so geschehen sei.

An Urteilen und Bewertungen könntest du gut und gerne sehr viel weniger gebrauchen. Andererseits gibt es jedoch auch etwas, das ich Sinnesurteile nenne. Das sind dann keine harten, eng definierten Urteile einer Dualität, sondern eher Aussagen wie »Das Erlebnis war echt cool; die Sache war okay«. Man kann Bewertungen auch integrieren, damit sie mehr wie ein Gefühl sind und nicht so schwarz-weiß wirken: »Das mag ich; das versuche ich noch mal; das ist nicht meine Lieblingsbeschäftigung.«

Wenn wir die Ausstrahlung der Seele und menschliche Bewertungen integrieren, wird der Mensch offensichtlich ab und zu das Bedürfnis verspüren zu handeln. Deshalb habt ihr ja einen Körper und lebt in einer linearen Realität. Aktion ist wichtig. Lass es aber eine Handlung sein, die wahre Erfahrung mit sich bringt, statt einer, die zur Einschränkung führt. Aktion nicht um der Ursache und Wirkung willen, sondern Aktion um der Erfahrung willen.

Der Verstand und das Denken sind in gewisser Hinsicht schon wichtig, aber wenn du über die Begrenzungen des

Verstandes hinausgehst, öffnest du dich für die Intuition, für die sinnliche Natur der Dinge, für die offene nicht-lineare göttliche Intelligenz. Vielleicht hast du mal so etwas wie Höhenangst oder Schwindel erlebt. Das passiert, wenn du anfängst, im Modus des sinnlich-intuitiven Wissens zu wirken anstatt im üblichen Denkmodus.

Das Göttliche besitzt Weisheit

Das Göttliche destilliert jede Erfahrung zu Weisheit.

Die Seele streift alle Fakten und Zahlen von ihren Erfahrungen ab – die Daten, Lebenszeiten, Identitäten, Details –, denn auf sie kommt es gar nicht an. Sie sind unwesentlich. Die Seele nimmt die *Essenz* von allem und destilliert diese in reine Weisheit.

Die Weisheit ist so einfach, dass man sie noch nicht einmal definieren kann. Ich betrachte sie als einen goldenen Tropfen Honig, so süß ist diese Weisheit! Die Seele nimmt alle Erfahrungen aus vielen menschlichen Leben und Aspekten, dann presst sie alles Unwesentliche heraus, und so entsteht dieser wunderschöne leuchtende Tropfen reiner Weisheit.

Und den »trinkt« die Seele alsdann, sie saugt ihn auf. Sie führt die Essenz in ihren reinsten Zustand zurück, die Weisheit, die aus der Sinneserfahrung stammt, und trinkt sie in sich hinein. Dann verliebt sie sich erneut in sich selbst. Ah ... wie ist das süß!

Die Seele strebt nach Erfahrungen nur um der Erfahrung willen. Sie braucht sich nicht selbst zu bestätigen, denn sie ist schon ganz »komplett« in sich, sie ist schon vollkommen im Wissen des »Ich existiere«.

Alles, was du jemals getan, erfahren oder gedacht hast, wird von *DIR*, liebes beseeltes Wesen, in reine Weisheit destilliert. Und dann verliebst DU, die Seele, dich immer wieder erneut in dich selbst.

Der Mensch mag sich fragen, ob das nicht eines Tages der Seele vielleicht ziemlich langweilig wird. Überhaupt nicht! Das ist die wahre Erfahrung des »Ich existiere. Ich bin, was ich bin«. Und die Seele lächelt und strahlt, weil sie weiß, dass sie bereits vollständig ist.

Die Seele weiß, dass sie vermittels ihres menschlichen Selbst viele erstaunliche Erfahrungen machen kann, und sie wird alles zur reinen Essenz destillieren. Die Seele ist so weit jenseits aller Verletzungen und Wunden, so weit von all dem Müll und dem Denken entfernt. Sie destilliert einfach alles ihres Selbst zu Weisheit.

Es ist so einfach.

Es ist irgendwie komisch oder merkwürdig, aber du weißt das schon, du hast es bereits erkannt. Es ist wie ein

Déjà-vu-Erlebnis. Ich weiß, dass ihr schon hier mit mir zusammengesessen seid und ich euch das erzählt habe, und ihr habt euch erlaubt, es zu fühlen. Deshalb ist es so vertraut. Es ist etwas, das du schon weißt, was du bereits gespürt hast, aber was das menschliche Selbst vielleicht vergessen hat.

Der Mensch hat Erinnerungen

Das menschliche Pendant zur Weisheit der Seele ist Erinnerung. Intellekt. Details. Der Verstand speichert Einzelheiten und Emotionen in seinem Gedächtnistresor mit allen kleinen Fakten und Zahlen, woran er sich auch nur erinnern kann. Er speichert das alles und sagt: »Ich werde später darauf zurückkommen und es verwenden, wenn ich es brauche.«

Der Trugschluss dabei ist, dass der Verstand in Wahrheit keine sehr gute Datenbank darstellt. Aufgrund seiner Bewertungen speichert er die Dinge in seinem Gedächtnis, befrachtet mit einer Menge an Vorurteilen und Verzerrungen. Er erinnert sich an einige der Details, vergisst jedoch eine Menge an Einzelheiten und manche Dinge verändert er sogar.

Du denkst über dein Leben mit deinem Verstand nach. Du denkst sogar über deine Spiritualität und Erleuchtung mit deinem Verstand nach. Was wäre aber, wenn du deiner Göttlichkeit den Raum geben würdest, sich zu entfalten, um anstatt von einer begrenzten mentalen Perspektive aus nachzudenken, dich tatsächlich in die Leidenschaft und Begeisterung deiner Seele einzufühlen? Wenn du dich, anstatt dich von deinen Emotionen hin und her werfen zu lassen, auf das einlassen würdest, was du mit deinen Sinnen erspürst? Anstatt deine Handlungen zu bewerten und sie in deinem Gedächtnis zu speichern – was wäre, wenn du dir erlauben würdest, *jede* Erfahrung zu genießen und dann die destillierte Weisheit daraus in jeden Teil von dir einzubringen?

Was wäre, wenn du dem Menschlichen und Göttlichen in dir endlich erlauben würdest, sich in größter Liebe und Mitgefühl zu begegnen?

Göttliches	**Menschliches**
Leidenschaft, Begeisterung	Bedürfnisse und Wünsche
Sinnlichkeit/Sinneserfahrung	Emotionen
Erfahrung	Handlung
Ausstrahlung	Bewertung
Weisheit	Erinnerung

Wiedervereinigung

Ich bin.
Ich existiere.
Ich frage nicht, wie ich ins Sein gelangte,
denn ich bin immer gewesen.

In meinem Erwachen aus dem menschlichen Zustand und der irdischen Bedingtheit erkannte ich, dass ich nicht auf dem Weg an irgendeinen besonderen Ort war. Ich versuchte nicht, einen Punkt irgendwo in der Zukunft zu erreichen, da ich realisierte, dass alle Punkte zu mir kamen. Ich schaute nicht mehr voraus in die Zeit, sondern erlaubte der Zeit, zu mir zu kommen. Ich erkannte, dass ich multidimensional bin.

Ich existiere.
Ich existiere und deshalb ist alles möglich.
Ich existiere – ein Wunder.
Ich existiere und werde es immer tun
und werde immer sein.

* * *

Was, wenn alle Punkte, die du normalerweise in deiner Zukunft wahrnimmst, eigentlich im Jetzt sind? Was, wenn all das sich in Wahrheit gerade jetzt ereignete? Was, wenn jetzt nicht nur ein einziges, möglicherweise sogar lebensveränderndes Ereignis stattfände, sondern wenn es viele gleichzeitig gäbe? In deinem Erwachen erkennst du, wie multidimensional du bist. Es gibt keine Zukunft oder Vergangenheit mehr. Es gibt nur noch das Jetzt.

Der Verstand kann das Jetzt niemals begreifen, denn das Jetzt ist gerade schon vergangen. Der Verstand versucht, sich am Jetzt festzuklammern, aber das gelingt ihm nicht. Das ICH BIN, die Essenz, kennt *nichts* anderes als *nur* das Jetzt. Das ist der Grund, warum die Seele nicht wirklich das versteht, was ihr eure Vergangenheit nennt. Sie empfindet »Vergangenheit« als eine merkwürdige Vorstellung. Ebenso wenig begreift die Seele das, was ihr die »Zukunft« nennt. Vor allem eure Sorgen über die Zukunft versteht sie nicht, denn sie kennt nur den Augenblick des Jetzt. Sie kennt nur das ICH EXISTIERE im Jetzt.

Jetzt ist ein Gefühl. Es ist eine Erfahrung. Man kann es nicht mit dem Verstand definieren oder verstehen oder wiedererschaffen. Der Verstand wird versuchen, eine falsche Imitation des Jetzt-Augenblicks zu erzeugen und dir sagen: »Ich bin im Jetzt.« Es gibt aber kein Jetzt, das du mit deinem Verstand begreifen kannst. Nur die Seele, das ICH BIN, kann das Jetzt fühlen und verstehen und destillieren.

Der Verstand versucht, die Seele zu verstehen, aber er kann sich die Seele nur als einen größeren mystischen

Menschen vorstellen. Die Seele denkt nicht wie ein Mensch, und auf eine seltsame Weise kann sie die Reise des Menschen noch nicht einmal nachempfinden, da der Mensch begrenzt und die Seele grenzenlos ist. Aber du, der Mensch, kannst dich dafür öffnen, deine Seele zu *spüren,* ohne Denken und Erwartung, und so kannst du eine neue Beziehung zu dem aufbauen, wer du wirklich bist.

Eine Erfahrung

Erlaube dir, alle Ablenkungen
in den nächsten Minuten
auszuschalten bzw. loszulassen
und dich ganz
für deine Gefühle zu öffnen.

Jetzt, in diesem kostbaren Augenblick des Jetzt, lasst uns die Seele und den Menschen zusammenbringen.

Erlaube dir, hin und her zu wechseln, zunächst ein Lied des Menschen an die Seele zu fühlen und dann wiederum ein Lied zurück von der Seele an den Menschen. Du verwendest nicht unbedingt Worte, sondern du spürst in deine Bedürfnisse hinein, die des Menschen. In die Grundbedürfnisse deines Alltagslebens – Geld, ein Auto, ein Haus oder eine Wohnung, all solche Dinge.

Und dann lauschst du, der Mensch, und du fühlst die Begeisterung der Seele, das sinnliche Wesen der Seele, die Sehnsucht der Seele, sich ungehemmt zum Ausdruck zu bringen. Fühle du als Mensch hinein in den liebevollen

Wunsch der Seele nach Erfahrung und dann fühle das Leuchten, den Glanz, welchen die Erfahrung der Seele verleiht. Das kann man als Mensch nicht fühlen, wenn man dieses wunderschöne Leuchten unterdrückt, eingrenzt oder zu managen versucht.

Fühle, wie die Seele alle Einzelheiten deiner Erfahrung destilliert, diese von ihrer mentalen Prägung befreit und sie in eine wunderbare Weisheit verdichtet, die sie dann wieder in sich selbst aufnimmt.

Und du, liebe Seele, höre dem Menschen zu – dem Menschen, der handelt und etwas unternimmt, der einen Körper hat, der zwischen Vorlieben und Abneigungen unterscheidet. Lausche, während der Mensch Dinge im Gedächtnis speichert, denn liebe Seele, obwohl du keine Erinnerung hast: Es ist etwas sehr Schönes am menschlichen Gedächtnis. Man kann sich an etwas erinnern und wieder in etwas hineinfühlen, was früher geschehen ist. Liebe Seele, du hattest diese wunderbare Erfahrung noch nicht, dass man in sein Gedächtnis eintauchen und sich an wertvolle, wunderschöne und erstaunliche Dinge erinnern kann.

Seele und Mensch – singt gegenseitig für euch, hört euch beide, spürt euch.

Oh ja, ihr seid vom selben Wesen, aber es ist sehr lange her, dass ihr gemeinsam denselben Augenblick erlebt, dieselbe Erfahrung gemacht habt.

Ein Wesen, zwei getrennte Erfahrungen, an diesem wunderschönen heiligen Ort. Lass dein Menschsein für deine Seele singen. Lass deine Seele für den Menschen singen.

Was sind deine Bedürfnisse, Mensch? Was brauchst du, um hier auf diesem Planeten in diesem Körper zu bleiben? Was sind deine *eigenen* Bedürfnisse, die nichts mit anderen Leuten zu tun haben?

Lass es deine Seele wissen. Sei deutlich. Mach es ihr klar.

Damit du präsent und fröhlich bleibst: Welche Bedürfnisse hast du?

Erlaube dir, zu deiner Seele zu singen. Nicht um zu betteln, sondern nur, um gehört zu werden.

Brauchst du Gesundheit? Fülle? Eine gute Nachtruhe? Die Fähigkeit, Nahrung so zu verdauen, dass du sie genießen kannst, ohne an Gewicht zuzunehmen? Die Seele kann mit der Vorstellung von Übergewicht nichts anfangen, der Mensch hingegen schon. Es kann ein echtes Problem werden, dein Wohlergehen schmälern, deinen Selbstwert mindern.

Lass die Seele wissen, dass so etwas jetzt nicht mehr hinnehmbar ist.

Singe für deine Seele voller Freude, von innerem Wissen erfüllt, in Klarheit.

Stell dir vor, dass du Vorbereitungen für den nächsten Teil deiner Reise und Erfahrung hier auf der Erde im physischen Körper triffst und entsprechend einpackst. Du darfst mitbringen, was du möchtest, alles, was du brauchst. Du hast schon eine Menge Erfahrung gemacht auf dieser Reise, die man Leben nennt, und du kannst für die nächste Etappe mitnehmen, was du möchtest. Halte dich nicht zurück. Das kann körperlich sein, emotional, was immer du möchtest. Es kann Selbstwert sein, Eigenliebe, Klarheit, Effektivität, Leichtigkeit ... all solche Dinge. Es kann sehr real sein: ein Auto, ein Haus, Geld – was es eben braucht, um deine Träume zu verwirklichen. Es gibt keine Schranken, es hält dich nichts zurück außer deinen eigenen Glaubenssätzen, Mustern und Begrenzungen.

Sage deinem ICH BIN: »Liebe Seele, du hast wirklich nicht die Erfahrung wie ich gemacht, wie es ist, hier auf diesem Planeten zu sein. Also, hier ist das, was wir brauchen werden. Hier ist das, wofür ich mich entscheide. Hier ist das, was wir mitnehmen. Klar, wir können das unterwegs auch wieder ändern. Wir können es anpassen, manche Dinge loslassen und neue hinzunehmen. Aber wir beginnen jetzt nun einmal eine neue Etappe auf unserer Reise. Das werden wir mitnehmen.« Es kann ein guter Körper sein, Fülle, Selbstliebe, Klarheit – was du auch möchtest und auswählst: Pack es in diesen Koffer.

Deine Seele, dein ICH BIN, hat auch Wünsche. Sie hat eine leidenschaftliche Vorliebe nach Sinneserfahrung und diese Leidenschaft kann niemals ausgelöscht werden.

Der Mensch hat seine Sinneserfahrung begrenzt, weil sie manchmal schmerzhaft geworden ist, aber die Seele hat immer noch dieses intensive Verlangen nach sehr sinnlichen Erfahrungen. Die Seele möchte die Farben fühlen, die Musik hören, mit den Energien spielen. Es geht ihr immer um die Sinne und deren Erfahrungen.

Die Seele lässt jede Art von Erfahrung zu. Sie kontrolliert oder beschränkt das nicht. Und wenn sie in diese Realität kommt, um sich mit dir zu verbinden, bittet sie dich zu verstehen – die Seele zu verstehen, ihre Wünsche, ihre Art, ihre Wege.

So, liebe Seele, nun sing du für den Menschen, für dein kostbares menschliches Selbst. Lass es fühlen, wonach *du* dich sehnst.

Liebe Seele: Sing deutlich für den Menschen, damit er dich verstehen und fühlen kann.

Wenn sie jetzt zusammenkommen, fühle den magischen Tanz zwischen dem Menschlichen und dem Göttlichen. Einen Tanz, der das vereint, was eine sehr, sehr lange Zeit getrennt voneinander war. Der Tanz des Göttlichen und des Menschlichen – die Bedürfnisse und Leidenschaften, die sinnliche Natur und den Verstand, die Erinnerungen und deren Verdichtung, die Weisheit – alles kommt zueinander.

Fühle den Tanz des Göttlichen und des Menschlichen, wie sie sich gegenseitig begrüßen und willkommen heißen, sich spüren, miteinander tanzen, ineinander verschmelzen, sich gegenseitig erkunden.

Atme jetzt gut und tief durch.

Steh auf, wenn du dich danach fühlst. Bewege dich entsprechend der Energien.

Erlaube dir zu fühlen. Erlaube dir, dich selbst zu spüren.
Lass das Göttliche den menschlichen Körper fühlen, während er sich bewegt.

Lass das Göttliche das Lied deines menschlichen Aspekts hören.

Ah ... es ist in Zeiten wie diesen, dass ich mich danach sehne, wieder wie ihr in einem menschlichen Körper zu sein.

Teil III

Spirituelle Physik

Wie Energie funktioniert

Sprechen wir jetzt darüber, wie Energie funktioniert. Denn das ist wesentlich, wenn wir den »Akt des Bewusstseins«, das »Spiel der Meister« verstehen wollen.

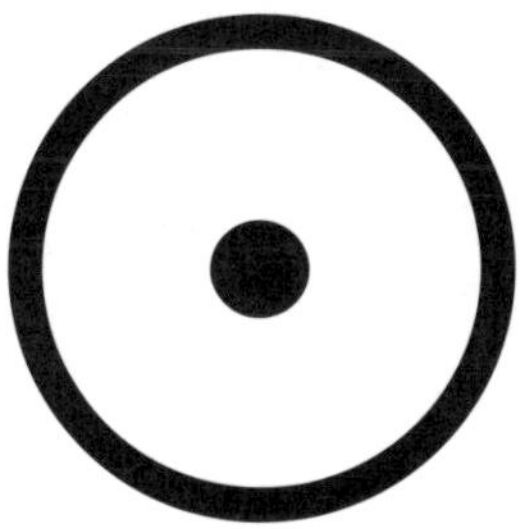

Alles beginnt mit Bewusstsein. Der Kreispunkt oder *Zirkumpunkt*, also ein Punkt mit einem Kreis herum, ist ein altüberliefertes Symbol für Bewusstsein – für dein Bewusstsein. Es steht auch für deine Seele, denn dein Göttliches *ist* reines Bewusstsein. Der Punkt in der Mitte repräsentiert deinen Ursprung aus *Allem Was War*, was man auch Quelle oder Gott nennt. Der äußere Kreis repräsentiert alle Erfahrungen, die deine Seele jemals gemacht hat.

Indem du deine Erfahrungen machst und die Seele sie destilliert, gelangt die Essenz als Weisheit zurück in die Seele. Deshalb ist der Kreispunkt so etwas wie das heilige, allsehende Auge, das für die Weisheit steht, das Wissen, das jetzt bereits in dir ist. Diese Weisheit und dieses innere Wissen haben dein Erwachen bewirkt.

Fühl dich da hinein und du wirst die Essenz von Meisterschaft erhalten, von Energie, von Erleuchtung. Folge diesem inneren Wissen – es wird das großartigste Leuchtfeuer für deinen Weg sein, das du je haben kannst.

Bewusstsein, das vom Kreispunkt symbolisiert wird, enthält keinerlei Energie. Wirklich gar keine.

Also stellt sich die Frage, woher die Energie gekommen ist? Wenn im Bewusstsein keine Energie ist, wenn Spirit keine Energie ist – woher kam dann die Energie?

Energie entstand durch Leidenschaft, durch Begeisterung für etwas. Sie wurde von der riesengroßen Leidenschaft der Seele erzeugt, als diese allererste Frage auftauchte: »Wer bin ich?« Sie entstand aufgrund der Leidenschaft, die spürte »Ich existiere!«

Am Anfang existierte Energie nicht. Es gab nur Bewusstsein.

Das Bewusstsein fühlte eine Leidenschaft in sich aufsteigen, ein Verlangen danach, zu existieren, das ICH BIN zu erkennen, sich selbst zu erfahren. Dieses Verlangen des Bewusstseins war so stark, so heftig, dass es den »Rand« von Bewusstsein, dass es die Außengrenzen bzw. den »Randsaum« seiner selbst komprimierte und kondensierte, und *das* erzeugte Energie. Man könnte sagen, dass deine Seele an den Grenzen von Bewusstsein eine solche Sehnsucht und Spannung erzeugt hat, dass dieses Verlangen, diese Leidenschaft, Bewusstsein zu Energie komprimiert und kondensiert hat. Das war die uranfängliche Transmutation – die Verwandlung von Bewusstsein in Energie.

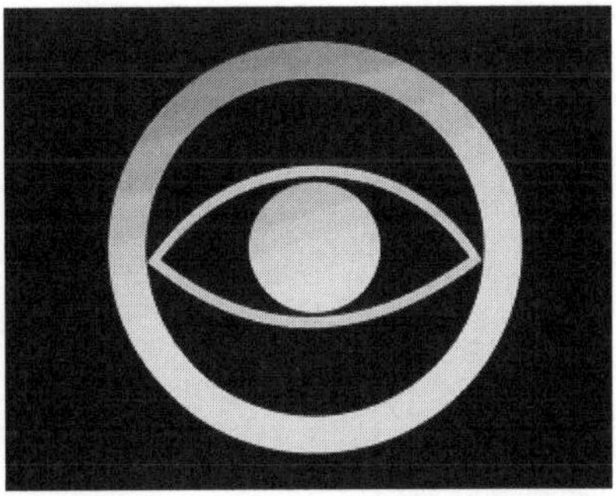

Das Verlangen bzw. die Leidenschaft des reinen Bewusstseins ...

... erzeugt den Lichtfunken (Schöpfung) ...

... welcher Energie aus dem »neutralen Feld« bzw. »Nullfeld« aktiviert, ...

... welche sich dann in positive und negative Ladungen aufspaltet, die von Licht erfüllt werden, ...

... welche dann wiederum in die physikalischen Dimensionen hinein angezogen werden, um dort von den Menschen dazu verwendet zu werden, Realität zu erschaffen, Wahlmöglichkeiten zu manifestieren und das Leben zu erfahren.

Das war eine eindrucksvolle und wunderschöne Sache. *Energie ist kristallisiertes, komprimiertes Bewusstsein!* Sie wurde von euch erzeugt, für euch, damit ihr Erfahrungen machen könnt.

Es war großartig, diese Intensität von Begeisterung und Leidenschaft zu erfahren – »Ich bin! Ich existiere!« Es ist nur ein einziges Mal passiert, und das hat alle Energie hervorgebracht, die ihr von nun an als Werkzeug oder Instrument benutzen würdet, um damit eure Erfahrungen zu erschaffen.

Das war großartig, weil die Seele damit rein blieb. In gewisser Hinsicht ging die Energie aus dem Bewusstsein heraus, um das Bewusstsein immer makellos zu belassen. Nichts wird eure Seele je verfälschen, beschmutzen oder trüben.

Ihr könnt die eindrucksvollsten Erfahrungen machen, von den lichtvollsten des Lichts zu den dunkelsten der Dunkelheit, und doch wird niemals etwas die Reinheit eures Bewusstseins verändern oder beeinträchtigen. Diese tiefgründige Wahrheit treibt mir fast die Tränen in die Augen. Eine solch tiefe Leidenschaft zu haben, woraus eine Energie erschaffen wurde, welche die Seele nie zu verderben vermag – das ist etwas absolut Wunderschönes.

Diese Begeisterung und Leidenschaft der Seele brachte all die Energie hervor, die ihr heute noch benutzt.

Schauen wir uns nun die verschiedenen Ebenen und Schichten von Energie an und denken wir dabei immer daran, dass die ursprüngliche Leidenschaft des »Ich bin! Ich existiere!« Energie erzeugt hat.

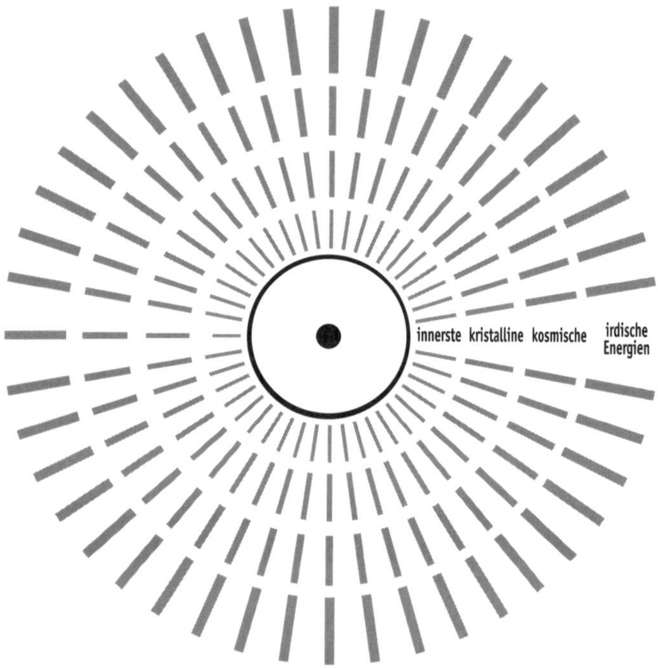

Du bist ein beseeltes Wesen, ein bewusstes Wesen, das von Energie umgeben ist. Es gibt vier grundlegende Ebenen von Energie.

Die erste Ebene, die dir am nächsten ist, nennt man die **Energie deines innersten Kerns.** Es ist immer dieselbe Menge an Energie und sie gehört nur dir. Diese Energie kann dir niemals von irgendjemandem weggenommen oder durch irgendetwas beschädigt werden. Es ist deine *innerste* Energie, deine persönliche Energie, und sie kann auch nie mit der Energie eines anderen beseelten Wesens vermischt oder kombiniert werden.

Meistens seid ihr euch dieser innersten Energie noch nicht einmal bewusst, eben weil sie euch so nah ist. Aber sie existiert immer. Sie besitzt keine Masse. Sie hat keine Farbe. Sie ist absolut klar und rein. Sie ist unveränderlich. Ihr könnt sie keinem anderen geben und nichts kann sie verunreinigen. Diese Energie des innersten Kerns ist absolut deine eigene, sie gehört dir vollkommen und sie ist das, was der göttlichen Leidenschaft am nächsten kommt.

Die nächste Ebene heißt **kristalline Energie.** Kristallenergie wurde in dem Augenblick erzeugt, als du anderen beseelten Wesen begegnet bist, als du dein Selbst, deine Bewusstheit der ihren zugewandt hast. Diese Verschmelzung und Vereinigung beseelter Wesen erschuf diese nächste Ebene. Sie ist sehr, sehr rein, aber es bedurfte zweier oder mehrerer beseelter Wesen, um zusammen diese Ebene zu erschaffen.

Auch zu dieser Ebene habt ihr selten Zugang und ihr verwendet sie kaum. Es ist eine sehr schöne und veredelte Energie und doch besitzt sie nicht das gleiche Maß an Reinheit wie deine innerste Energie, weil sie nicht ausschließlich deine eigene ist.

Es macht Freude, die kristalline Energie anzuzapfen, vor allem wenn man mit anderen Menschen arbeitet. Wenn du ein Heiler oder eine Heilerin bist oder ein *Facilitator*, ein Prozessbegleiter, wenn du an einem Gruppenprojekt mitwirkst oder auf eine andere Art und Weise mit Menschen zusammenarbeitest, dann mach dir diese Kristallenergie nutzbar. Das wird dir eine ganz neue Ebene von Klarheit und Leidenschaft für deine schöpferische Arbeit erschließen.

Kristallenergie ist immer präsent. Sie umgibt dich in diesem Augenblick von allen Seiten. Es ist eine sehr starke Energie und sie verändert sich. Es gibt Abweichungen oder Streuungen in ihr, da ihre Stärke von Zeit zu Zeit schwankt.

Die kristalline Energie ist einer der Gründe, warum sich Menschen immer wieder und wieder in Gruppen versammeln. In einem Leben stehen sie sich als Krieger gegenüber, im nächsten sind sie als Familie vereint, denn für diese Gruppe besteht eine bestimmte Kristallenergie. Später verwandelt sich das in Karma und alle möglichen anderen Dinge, aber die Kristallenergie, die von einer Gruppe erzeugt wurde, kann lange, lange Zeit über intakt bleiben. Deine Familie hat ihre eigene Kristallenergie.

Die nächste Schicht oder Ebene ist die **kosmische Energie.** Kosmische Energien sind die ersten Energien, die beginnen, in eine physikalische Realität hineinzukommen

– in euer physikalisches Universum und einige der Dimensionen darum herum. Diese Energien besitzen eine viel größere Dichte als die innerste oder die kristalline Energie. Kosmische Energien sind die Bausteine dieses Universums. Sie machen es möglich, dass ihr Dinge wie Zeit, Raum und Materie erlebt.

Kosmische Energien können in diese sehr feste und dichte physische Realität der Erde hineingehen oder sie auch verlassen, so wie das kristalline Energien auch tun können – nicht aber die Energien des innersten Kerns. Anders ausgedrückt: Euch stehen kosmische und kristalline Energien hier auf der Erde zur Verfügung.

Normalerweise machen sich Menschen kosmische Energien nicht nutzbar, aber andere Wesen ringsum im Kosmos wenden sie manchmal an. Kosmische Energien kann man wunderbar nutzen für Dinge wie Raumfahrt und zur Überwindung mancher materieller Hindernisse wie Schwerkraft und andere physikalische Kräfte.

Kosmische Energien können sehr wichtig sein, wenn du anfängst, dir mehrerer gleichzeitiger Realitäten bewusst zu werden, und du dich dann darin bewegst und wirkst, denn diese anderen Realitäten wenden nicht unbedingt immer Erdenergien an. Diese kosmischen Energien können also in deine multidimensionalen Realitäten fließen, wenn du dich auf eine Reise dorthin begibst oder wenn du eine multidimensionale Realität im Hier und Jetzt erlebst.

Schließlich kommen wir zu den **Erdenergien.** Das sind solche, welche die Menschen in dieser Realität verwenden. Es sind Energien, die Materie erzeugen und eure irdische Physik und Naturwissenschaften. Dabei handelt es sich um jene Energien, die jeder mehr oder weniger die ganze Zeit über nutzt. Erdenergien sind sehr dicht und fest und kompakt im Vergleich zu den anderen. Sie bewegen sich nicht sehr schnell und sie sind nicht sehr flexibel.

Dies sind also die Grundenergien, mit denen ihr arbeitet, aber erinnere dich daran, dass *alle* Energien aus der Leidenschaft der Seele entstanden sind.

Sie sind auf ihrem Abstieg Ebene um Ebene auf ein immer niedrigeres Niveau reduziert und immer weiter verdichtet worden, aber sie stammen alle aus derselben Quelle – eurer Leidenschaft. Und das ist eine Aussage, die euch viel bedeuten sollte.

Sprechen wir einen Moment lang über Passion, Leidenschaft, Begeisterung. Eines der größten Hindernisse oder Herausforderungen der Erleuchtung ist der Mangel an dem, was ihr Leidenschaft genannt habt. Aber ihr habt mit menschlicher Leidenschaft etwas verbunden, was in Wahrheit keine echte Begeisterung war. Es war eher so etwas wie ein starkes Verlangen. Eine menschliche Passion hat euch beschäftigt gehalten – ein Hobby oder eine andere Tätigkeit, eine Passion für das Gärtnern, eine Begeisterung dafür, eine ehrenamtliche Tätigkeit auszuüben, oder die Leidenschaft zum Lesen. Und plötzlich ist das alles weg gewesen. Verdutzt fragst du: »Wo ist meine Leidenschaft?« Eine der Fragen, die man von erwachenden Menschen am häufigsten hört, ist: »Wie erhalte ich meine Begeisterung für das Leben zurück?«

Nun ja, diese Art der Leidenschaft wirst du nicht zurückbekommen. Diese »Passionen« waren durchaus interessante Beschäftigungen und vielleicht hast du sie sehr gemocht, aber sie waren nicht deine wahre Leidenschaft.

Wahre Leidenschaft ist, wenn du hier als ein Mensch *und* als eine Seele sitzen und dich einfühlen kannst in das »Ich existiere. Ich bin«. Du denkst vielleicht: »Na, das macht aber keinen großen Spaß. Ich möchte eine Leidenschaft, irgendetwas zu *tun*. Ich möchte etwas, das mich glücklich macht, wenn ich morgens aufstehe, etwas, was mich durch den Tag trägt. Ich möchte etwas Aufregendes an einem sonst öden und langweiligen Tag erleben.«

Aber die *wahre* Passion und was wirklich Energie anzieht, ist diese Energie des innersten Kerns – das »Ich existiere.« Das ist die echte Leidenschaft der Seele, und das ist es, was Fülle, Kreativität, Gesundheit und alles andere bringt, was ihr euch wünscht.

Ich bin gebeten worden, ein Seminar über Fülle abzuhalten, aber es ist ja in Wirklichkeit sehr einfach: *Fülle hängt direkt mit deiner Begeisterung für das Leben zu-*

sammen. Wenn du Leidenschaft für das Leben hast, ist Fülle da. Wenn du Passion für das Leben fühlst, reagiert dein Körper dementsprechend. Wenn du Leidenschaft für das Leben hast, wird alles für dich da sein, wird dir alles zur Verfügung stehen.

Bitte denke daran, dass *Leidenschaft Energie erschaffen hat,* und nun ist es Leidenschaft, die Energie anzieht.

Vielleicht sagst du: »Na, irgendwie kapiere ich das schon, aber wo finde ich diese Leidenschaft? Wie kann ich sie in mir selbst hervor bringen?« Nun gut, das schaffst du nicht, indem du darüber nachdenkst oder indem du laufend wiederholst: »Ich habe Leidenschaft, ich habe Leidenschaft.« Denn darin steckt keine Leidenschaft.

Am Rande bemerkt: Der Grund, warum mentale Affirmationen oder Manifestationstechniken nicht wirklich funktionieren, ist, weil in Gedanken sehr wenig Begeisterung steckt. Gedanken sind ziemlich energielos und sie besitzen nicht viel Farbe oder Lebendigkeit. Ihr könnt denken und denken und denken, und es taucht trotzdem keine große Leidenschaft auf und somit eben auch nicht viel Energie.

Ihr besucht vielleicht einen dieser Kurse der »Manifestation« oder des »positiven Denkens« und seid ganz begeistert – »Toll. Jetzt habe ich vielleicht die Antwort gefunden« –, weil vorn eine reiche Person steht, die den Kurs leitet und euer Geld nimmt. Ihr denkt: »Vielleicht kann ich genauso sein«, und so ist da ein erstes Aufblinken von Leidenschaft. Einige Sachen funktionieren dann auch unter Umständen, ein paar Synchronizitäten treten auf, einige schöne »zufällige« Fügungen – aber dann gleitet man zurück in die alte Spur. Und gebt ihr dann dem Kursleiter die Schuld? Nein, ihr macht euch selbst verantwortlich für etwas, das ihr nicht verstanden habt, für etwas, das ihr nicht wisst oder könnt – und schon seid ihr wieder zurück in der alten Routine.

Fülle steht in direktem Zusammenhang mit deiner Leidenschaft. Und das bringt uns nun an einen kritischen Punkt: Was ist deine Leidenschaft? Wo ist deine Passion? Wie ist deine Begeisterung beschaffen? Vermutlich ziemlich matt und platt. Nicht unbedingt schlecht, aber eher lau, wenn man sie damit vergleicht, wie sie sein könnte. Auf einer Skala von eins bis zehn ist deine Leidenschaft wahrscheinlich ungefähr bei einer zwei und das ist auch in Ordnung.

Von eurer alten menschlichen Leidenschaft ist eine Menge aus euch herausgerissen und von euch abgeschält worden. Ihr habt so wenig Energie übrig, dass es schwerfällt, eure Leidenschaft wieder aufsteigen zu lassen. Ihr fragt euch, wie ihr es durch den Tag schafft, von den nächsten 20 Jahren ganz zu schweigen und gar nicht zu reden von der Erleuchtung.

Es steckt schlicht nicht mehr sehr viel Leidenschaft in euch, zumindest im Hinblick auf die alte menschliche Form von Begeisterung.

Aber da *gibt* es absolut eine Passion, eine Leidenschaft. Eine wahre Begeisterung hat es immer gegeben. Es ist die Leidenschaftlichkeit des ICH BIN. Du brauchst sie nicht herzustellen oder dich selbst dazu hochzujubeln oder zu versuchen, sie als Cheerleader anzufeuern. Du brauchst nur tief durchzuatmen und sie wieder zu fühlen. Sie ist geradewegs hier und sie ist immer hier gewesen. Das ICH BIN ist voll enormer Leidenschaft und das hat sich nie geändert. Diese Leidenschaft ist es, was ursprünglich Energie erzeugt hat, und da auch du das ICH BIN bist, kannst du dir dessen auch bewusst werden und diese Leidenschaft spüren.

* * *

Jeder Mensch hat die gleiche Möglichkeit, Energie zu nutzen, genauso wie jeder Mensch denselben Zugang zum Sonnenlicht hat. Niemand hat mehr und keiner hat weniger als jemand anderes. Ihr denkt vielleicht, dass manche Leute reich oder mit mehr Chancen geboren werden, aber sie haben dasselbe Energiepotenzial wie alle anderen auch. Alle Menschen sind ebenbürtig geboren, zumindest im Hinblick auf Energie, und alle Menschen erhalten immer genau die Energie, die dem entspricht, wo sie sich gerade auf ihrer Reise befinden.

Die meisten Menschen *glauben,* dass es Dinge gibt, die sie lernen müssten, dass sie immer noch in der Ausbildung sind. Du bist das nicht. Es gibt keine Lektionen mehr für dich, überhaupt keine. Du musst nichts lernen, nichts, was du nicht bereits erfahren hast. Es gibt eine Menge Dinge, die du immer wieder von Neuem erfährst, aber das ist alles nur ein Akt, ein Rollenspiel. Du spielst diese Rolle, meistens mit demselben Schluss, und dann springst du zurück ins Spiel und agierst erneut auf die gleiche Weise und hoffst, dass sich etwas ändern würde. Im Allgemeinen tut es das jedoch nicht, bis du sagst: *»Jetzt ist Schluss.«*

Jeder verfügt über die gleiche Menge an Energie. Eine Person, die viel Geld hat, wirkt auf derselben Energieebene wie eine Person, die total pleite ist. Sie haben es mit derselben Quantität von Energie zu tun, aber die eine Person wendet sich der Energie in einem Akt der Fülle zu, während die andere einen Akt der Armut ausspielt. Es ist nicht so, dass einer von beiden mehr oder weniger Energie hätte; es geht nur darum, was ihr Bewusstsein damit anstellt.

Jeder Mensch besitzt nicht nur die Gabe, sondern auch das Recht, sein Rollenspiel, seinen Akt, jederzeit zu ändern und damit auch die Art und Weise, wie Energie für ihn wirkt. Allerdings vermuten die meisten Menschen nicht, dass sie diese Fähigkeit besitzen. Sie meinen, sie müssten Energie oder Macht von jemand anderem stehlen, obwohl Macht in Wahrheit gar nicht existiert.

Die meisten Menschen glauben an Macht und sie glauben, sie müssten sie erlangen, aber Macht ist an sich bereits eine Illusion (mehr darüber im Kapitel »Macht ist eine Illusion«). Die meisten Menschen glauben, sie müssten einem anderen etwas wegnehmen, damit sie selbst es haben könnten, anstatt zu erkennen, dass sie nichts anderes zu tun brauchen, als ihr Bewusstsein zu verändern. Das verändert dann seinerseits die Art und den Fluss von Energie in ihrem Leben. Es ist wirklich so einfach, es sei denn, du lässt dich auf die menschlichen Glaubenssätze ein, die Denksysteme, Muster, eingefahrenen Geleise, die Hypnose, das Massenbewusstsein und alles andere.

Menschen sind stark hypnotisiert oder programmiert, nicht von Außerirdischen, sondern von sich selbst. Dann neigen sie dazu, immer mehr und mehr Programmierung aus dem Massenbewusstsein aufzunehmen. Wir nennen es das »Von überall, nur nicht von mir«-Syndrom. Es ist die Überzeugung, dass du das, was immer es auch sei, von überall her bekommst – nur nie von dir selbst.

Um aus diesem Programm auszusteigen, triffst du einfach eine Entscheidung und sagst: »Jetzt ist Schluss damit.« Du entscheidest dich, dass einzig und allein *die* Gedanken, die wirklich ganz zu dir gehören und von dir stammen, *jene sind,* aus denen du auswählst, und dass alles andere sonst nicht weiter zu dir gehört. So de-programmiert man sich selbst. Mehr ist dafür nicht nötig.

Selbstverständlich wird sich dein Verstand in Wirklichkeit dagegen auflehnen und dir sagen: »Nein, dies alles, diese alten Denkmuster und so fort, gehört aber doch zu dir, weil du so bisher immer gedacht hast, weil du dich darauf eingestellt und dich daran angepasst hast und es seit Langem angenommen und geglaubt hast.« An diesem Punkt sagst du: »Ich bin, was ich bin. Das ist *nicht mehr* mein Denken, das ist nicht mehr mein Bewusstsein.« Und du lässt es los. Es ist wirklich so einfach.

Bewusstsein

Alles geht aus Bewusstsein hervor. Energie ist aus der Leidenschaft deines Bewusstseins geboren. Man könnte sagen, dass Energie *leidenschaftliches Bewusstsein* ist.

Seelenleidenschaft ist tief, subtil und – oh, so still dabei, aber doch so reich. Ah, welch wunderschönes Gefühl.

Die Leidenschaft der Seele wird nie verschwinden. Manchmal bist du dir ihrer bewusster als zu anderen Zeiten, aber sie ist immer da. Es ist wahrlich ein Gefühl jenseits aller Worte. Deine Seelenleidenschaft – das »ICH BIN, ich existiere« – hat Energie erschaffen, weil sie sich auf jede nur mögliche Weise selbst erfahren wollte. Sie wollte in ihrer eigenen Schöpfung leben. Sie wollte die Ausdehnung, das Zusammenziehen und alles dazwischen erfahren.

Energie, die von Seelenleidenschaft erzeugt wurde, reagiert auf den Akt des Bewusstseins, auf den Ausdruck von Bewusstsein. Das bedeutet, dass gleich, was du tust oder welche Rolle du spielst, Energie *immer* reagiert. Energie ist immer sehr wortgetreu und reagiert direkt auf deinen Bewusstseinsakt, auf das, was du aktuell aussendest, und sie manifestiert das in deinem Leben. Wenn sich deine Rolle verändert und du einen anderen Akt ausführst, verändert sich die Energie in ihrer Anpassung und Ausrichtung und wird entsprechend anders reagieren.

Selbst wenn du denkst, dass du es doch bloß vortäuschst oder dir einfach alles ausdenkst, wird die Energie trotzdem entsprechend reagieren.

Tu doch einfach mal so, als ob du ein Schauspieler oder eine Schauspielerin auf der Bühne wärst und das durchspielst oder darstellst, was du gerade möchtest.

Beobachte, wie sich die Energie verändert, weil sie auf den jeweiligen Bewusstseinsakt reagiert. Ob du dir nun deines Bewusstseins bewusst bist oder nicht, ob du gewahr bist, welche Rolle du spielst und welchen Akt du ausführst oder nicht – Energie wird immer reagieren. Wenn du Fülle möchtest, agiere erfüllt und uneingeschränkt. Wenn du Gesundheit möchtest, handle gesund.

Klar, es stimmt schon, dass das am Anfang etwas seltsam erscheinen mag, weil du meinst, dass du dir doch alles nur ausdenkst. Erinnere dich jedoch daran, dass *alles* nur ausgedacht ist! Dein menschliches Leben ist nichts als ein vorübergehender Akt, ein Rollenspiel – ganz gleich, für wie real du es hältst.

Die Menschen verstehen im Allgemeinen nur recht wenig von Bewusstsein. Es ist weithin unentdeckt und unbekannt. Obwohl es doch so viel wissenschaftliche Forschung gibt und Mathematik und leistungsstarke Computer, so ist es doch erstaunlich, dass Bewusstsein noch immer kein Teil der Gleichung auf diesem Planeten ist. Obwohl Bewusstsein im Kern der Schöpfung ist – es bringt ja tatsächlich die Schöpfung erst hervor –, sind sich die Menschen dessen im Wesentlichen nicht bewusst.

Das sollte euch viele, viele Hinweise darauf geben, warum die Welt heute dort steht, wo sie steht, und auch über die schiere Notwendigkeit, dass wir Bewusstseinsforscher brauchen, Bewusstseinsingenieure und -wissenschaftler. Vielleicht könnte es ja sein, dass *du selbst* diese Arbeit aufnimmst, weil du Bewusstsein besser als die meisten anderen Menschen verstehst.

Es ist interessant festzustellen, dass sehr wenige Menschen über die Ursprünge von Energie sprechen und noch viel weniger über die Ursprünge von Bewusstsein. Das verblüfft mich, weil hier eines der fundamentalsten dynamischen Prinzipien des Omniversums zu finden ist, und doch gehen die meisten Leute durch ihr Alltagsleben, ohne auch nur einmal darüber nachzudenken.

Die meisten Leute werden nie in die Intimität und Leidenschaft des »ICH BIN, Ich existiere« hineinspüren. Selbst religiöse und New-Age-Gruppen erfassen die sehr einfachen Prinzipien von Bewusstsein und Energie nicht, weil sie ganz damit ausgelastet sind, solche Ablenkungen wie Götter, Engel, Heilige, Geistführer, Therapiemethoden und Energieanpassungswerkzeuge anzubeten. Ich nenne das *Makyo* oder spirituelle Zerstreuung, denn ohne das grundlegende intuitive Verständnis von Bewusstsein und

Energie werden diese Dinge vergeblich dazu beitragen, dir das *Gefühl* der tiefen Leidenschaft von Seele und Bewusstsein zu bringen. Und ohne dieses tiefe Gefühl ist das alles nichts weiter als eine mentale und philosophische Zerstreuung und Ablenkung.

Leben ohne Bewusstsein gibt es nicht. Bäume, Vögel, Wasser, Blumen, Hunde, Musik, Essen und sogar Gedanken würden ohne Bewusstsein nicht existieren. Bewusstsein ist im Kern aller Dinge und doch ist es dem Menschen im Wesentlichen unbekannt.

Trotz all der wissenschaftlichen Daten und Fakten aus der gesamten Geschichte der Menschheit und all der Erforschung im Weltraum, in den Meeren und in der Mikrobiologie und so fort gibt es bisher doch noch keinen »Rechenschaftsbericht«, keine Ermittlung, keine Klarlegung über diese Sache, die man Bewusstsein nennt. Wenn die Forscher das Universum studieren, den Kosmos, den Ursprung der Schöpfung, gibt es keinen Bezugspunkt zu Bewusstsein. Die religiös geneigten Menschen verweisen auf Gott, New-Age-Anhänger auf Spirit – aber es gibt wenige oder gar keine Verweise auf die Rolle des Bewusstseins. Sogar die moderne Psychologie nimmt Bewusstsein nicht wirklich zur Kenntnis. Sie betrachten Erinnerung, Gedanken und Emotionen, ohne dabei das Bewusstsein einzubeziehen.

Wenn Menschen anfangen, Bewusstsein zu verstehen – nicht nach religiösen oder intellektuellen Begriffen, sondern als Kern, als innerste Essenz der gesamten Schöpfung –, dann wird die Menschheit einen riesigen Sprung in ihrer Evolution machen.

Das Verständnis von Bewusstsein wird Kriege und den Hunger in der Welt beenden, brutalen Konkurrenzkampf ablehnen und Harmonie auf diesen Planeten bringen.

In diesen nächsten Jahren wird die Rolle des Bewusstseins in den Vordergrund treten. Das Wort »Bewusstsein« wird in den Massenmedien und in Internetartikeln auftauchen und es wird in diesem Zusammenhang eine Menge an Missverständnissen geben und viel Spekulation. Sie werden den Begriff sezieren und definieren und dabei ist es ja gerade so interessant, dass sich Bewusstsein sehr, sehr schwer definieren lässt. Aber immerhin wird man sich damit beschäftigen.

Fühle dich einen Augenblick in dieses Wort »Bewusstsein« ein.

Bewusstsein.

Was ist das?

Bewusstsein ist Bewusstheit, Gewahrsein, achtsame Wahrnehmung.

Sich seines Gewahrseins gewahr zu sein, sich seines Bewusstseins bewusst zu sein, ist ein Riesenschritt. »ICH

BIN, Ich existiere« ist die einfachste und zugleich grundlegendste Form von Bewusstsein.

Bewusstsein ist wie eine Spirale, die sich immer weiter ausdehnt, aber auch immer wieder an einen Referenzpunkt zurückkommt. Stell dir das wie eine dreidimensionale Spirale vor. Wenn sich dein Bewusstsein ausdehnt, bewegt es sich ein einer Spirale. Mit jeder Evolution gelangt sie zurück zur Einfachheit, aber nun in einer erweiterten Form.

Jedes Mal, wenn das Bewusstsein wieder die Runde macht, kommt es zurück zur Schlichtheit des »Ich existiere«, aber nun erfüllter und ausgedehnter als jemals zuvor. Dann dehnt es sich wieder aus, geht weiter hinaus in die Erfahrung und tiefer in die Wahrheit und die Liebe zum Selbst.

Bewusstsein ist Bewusstheit, achtsame Wahrnehmung. Es ist *nicht* Denken. Hier haben wir einen der Stolpersteine, wenn es darum geht, Bewusstsein zu erfassen. Sogar diejenigen, welche Bewusstsein auf einer eher akademischen Ebene erforschen, neigen derzeit dazu, Bewusstsein mit Intelligenz und Denken gleichzusetzen – obwohl das miteinander nichts zu tun hat. Wenn sie anfangen, den *Unterschied* zwischen Bewusstsein und Denken zu begreifen, dann werden sie regelrechte Quantensprünge in ihren Erkenntnissen machen. Sie beginnen, die noch »fehlenden« 95 Prozent der Materie und Energie zu verstehen und zu begreifen, was im Raum zwischen den Teilchen ist.

Was *ist* im Raum zwischen den Teilchen? Dieser »Raum« wird von nicht aktivierter Energie erfüllt, von schlafender Energie, von Energie, die sich in einem neutralen Zustand befindet. Die Akademiker erkennen das jedoch noch nicht, weil sie nicht die geeigneten Instrumente haben und weil sie die Rolle von Bewusstsein in der Schöpfung nicht verstehen.

Eure Körper sind aus Zellen, Molekülen, Atomen und Teilchen aufgebaut, aber selbst auf der subatomaren Ebene gibt es immer noch einen enorm großen Raum zwischen allen Teilchen. Wenn der Kern jedes Atoms vergleichsweise die Größe eines Stecknadelkopfes hätte, dann würden zwischen diesen Kernen jeweils Hunderte von Kilometern freier Raum liegen.

In diesem unermesslich weiten Raum zwischen den Teilchen ist neutrale Energie, die nur darauf wartet, auf den Akt des Bewusstseins zu reagieren. Es ist ein derart großes Reservoir an Energie, dass allein die Energie in diesem Buch alle Bewohner einer Großstadt von 500.000 Einwohnern fünfzig Jahre lang versorgen könnte und danach wäre immer noch mehr als genug übrig. Es handelt sich um eine erstaunliche Menge an Energie, die nur darauf wartet, durch Bewusstsein aktiviert zu werden.

Naturwissenschaftler kennen nur ungefähr fünf Prozent aller Materie und Energie im Universum. Tatsächlich sogar noch viel weniger als das, aber die Forschung hat für sich selbst als Faktum angenommen, nur über etwa fünf Prozent der Gesamtmenge von Materie und Energie Bescheid zu wissen.

26 Prozent aller Materie im Universum betrachtet die Wissenschaft als »dunkle Materie«. Anders gesagt: Sie kann sie nicht beschreiben, sie weiß nicht, was sie ist, und sie versteht nicht, was da vor sich geht.

Rund 68 Prozent aller Energie heißen wiederum »dunkle Energie« – einfach weil man nicht begreift, was sie ist. Forscher können sie nicht messen oder quantifizieren, also wirft man sie in einen rätselhaften Eimer, den man »dunkle Energie« nennt.

Wiederum anders gesagt: Mehr als 95 Prozent von Energie und Materie sind ein Mysterium. Die Wissenschaft räumt ein, dass da draußen etwas ist, aber sie weiß nicht, was es ist und wie es funktioniert. Sie klebt

Etiketten darauf wie »dunkle Materie« und »dunkle Energie«, aber im Grunde genommen weiß sie einfach nicht Bescheid. *(Übrigens kann man diese Zahlen auf der offiziellen NASA-Webseite nachlesen!)*

Es ist durchaus überwältigend und möglicherweise furchteinflößend zu wissen, dass es derart viel Energie in einem Ruhezustand gibt. Was wäre, wenn sich »Bösewichter« dessen bemächtigen würden? Vielleicht würden die Menschen den Planeten sehr, sehr schnell in die Luft jagen. Was wäre, wenn du diese Energie in die Hände bekommen und einen klitzekleinen Fehler machen würdest? Boom! Ja, es gibt eine tieferliegende Angst vor all dieser Energie.

Wenn du so bist wie die meisten Menschen heutzutage, dann tröpfelt die Energie nur äußerst notdürftig in dein Leben. Du bringst kaum das herein, was du brauchst; nie zu viel, meist nur knapp das Nötigste, um über die Runden zu kommen.

Die Gesellschaft steht unter der Hypnose, immer »gerade nur genug« zu haben. Kaum genug. In der Antike haben die Herrscher begriffen, dass es nicht wirklich effektiv ist, die Sklaven zu schlagen und hungern zu lassen. Man muss ihnen knapp genug geben, damit sie bis zum nächsten Tag weitermachen und durchhalten. Und wenn man ihnen ein bisschen Genuss zugesteht, eine kleine »Energiespritze«, werden sie wie Zombies arbeiten. Ein bisschen Bier, eine kleine Pizza, etwas Fußball und sie arbeiten hart dafür, am nächsten Tag wieder einen kleinen Spritzer Freude abzubekommen.

In jedem einzelnen Atemzug, den du machst, ist eine riesige Menge von nicht aktivierter Energie enthalten. Ein Meer von Energie, das nur auf den Akt des Bewusstseins wartet, aber du warst dir noch nicht so ganz sicher, ob du das alte Rollenspiel nicht doch noch gern magst.

Warum sollte man auch mehr Energie hereinholen und damit das alte Spiel der Einschränkung und schwachen Gesundheit am Ende noch intensiver erleben? Warum sollte man mehr Energie hereinbringen, wenn man in der alten Rolle dann vielleicht nur noch mehr Mangel an Fülle, noch mehr Mangel an guten Beziehungen erfahren würde? Also dreht ihr das Energieventil herunter, um »gerade nur genug« zu bekommen.

Das ist der Grund, warum es euch ein bisschen Angst macht, wenn wir uns mit solchen Themen beschäftigen. Das lockt die Geister, Monster und Dämonen hervor. Du besitzt ein inneres Wissen, dass eine kolossale Menge an Energie zur Verfügung steht und dass es nicht viel erfordert, um sie zum Laufen zu bringen. Man braucht dazu tatsächlich nur Bewusstsein und Bewusstheit, achtsame Wahrnehmung. Doch bist du dazu bereit?

Bewusstsein und Denken

Sprechen wir nun über den Unterschied zwischen Bewusstsein und Denken. Bewusstsein ist Bewusstheit, achtsame Wahrnehmung, Gewahrsein. Wenn man Bewusstsein ausdehnt, öffnet, erweitert, so bedeutet das, sich des Bewusstseins bewusst zu sein, Bewusstsein selbst wahrzunehmen.

Fang mit Fühlen an. Es ist das Erste, was zu dir kommt, diese erste Wahrnehmung. Im Unterschied dazu ist Denken Bemessung und Bewertung.

Nun, ich sage damit nicht, dass Denken falsch sei, und du wirst bald sehen, wie Bewusstsein und Denken als ein wunderbares Team zusammenarbeiten. An einem bestimmten Punkt gibt es keine klare Trennlinie mehr zwischen Denken und Bewusstsein, weil du dich zwischen beiden hin und her bewegst.

Bewusstsein kann wie eine Spirale steigen und fallen, wie die Gezeiten. Es kann nach oben fließen oder nach unten, nach innen oder nach außen. Bewusstsein dehnt sich in alle Richtungen aus. Genau genommen erweitert sich Bewusstsein, ohne dass man ihm eine Richtung weisen müsste. Es dehnt sich einfach aus. Dem Verstand fällt es vielleicht etwas schwer, das zu erfassen. Aber du kannst es fühlen, wenn du dir einen Moment Zeit dafür nimmst.

Erinnere dich daran, dass die Seele alles, was sie je durch ihre Aspekte erfahren hat, destilliert und als Weisheit zu sich zurückbringt. Diese Weisheit ist es, die das Bewusstsein erweitert.

Bewusstsein ist derart schwierig zu erklären, dass ich eigentlich beim Wort »Bewusstheit« bzw. »achtsame Wahrnehmung« innehalten sollte. Wie beschreibt man Bewusstsein? Sie ist ein Gewahrsein.

Denken kann man viel einfacher beschreiben. Denken ist linear und nicht expansiv. Das menschliche Denken verläuft geschichtlich, chronologisch, vom Kleinen zum Großen, vom Großen zum Kleinen. Es ist sehr, sehr linear. Das menschliche Denken an sich wird nie ausgedehnt und ausdehnungsfähig sein wie Bewusstsein. Denken wird immer relativ linear bleiben.

Im Denken herrscht ein Hang zu Einzelheiten, Fakten und Daten. Bewusstsein braucht nichts davon.

Ich gebe dir ein Beispiel für Bewusstsein. Es ist zwar sehr, sehr schwierig zu erklären, aber ab einem bestimmten Zeitpunkt fängst du an, es zu fühlen. Du beginnst, dir deiner Bewusstheit gewahr zu werden.

Schönheit. Fühle einen Augenblick da hinein.

Es gibt eine Schwingung im Wort »Schönheit«.

Ich hätte sagen können: »Spüre in eine schöne Blume hinein, mit ihren elfenbeinfarbenen Blütenblättern und ihrem wunderschönen grünen Stiel und ihrer anmutigen Präsenz.« Das wären jedoch bereits Gedanken gewesen, Definitionen und Bewertungen. Es mag auch ein Hauch von Bewusstsein darin liegen, aber Definitionen wie »grün, elfenbeinfarben und Blütenblätter« sind vor allem Gedanken.

Es gibt Gedanken oder Worte, welche bestimmte emotionale Gefühle hervorrufen wie »das mag ich« oder »das mag ich nicht«. Aber sie stammen immer noch aus dem Denken. Wenn ich jedoch »Schönheit« sage, ohne jede weitere Beschreibung, kannst du dann den Unterschied fühlen?

Es ist eher ein Gefühl aus dem Bewusstsein, obwohl ich das Wort »Schönheit« verwenden musste, um irgendetwas auszulösen.

Denken will konstruktiv sein. Es braucht seine Struktur und seine Details. Denken ist Struktur, Design und Definition. Wenn ich also von den »schönen grünen Blättern« am Baum draußen spreche, dann steckt da schon eine Menge an Definition drin. Wenn ich jedoch von der »Natur« rede, ist es eher eine Resonanz.

Denken kennt Tod, Finalität – nicht nur Finalität des menschlichen Wesens und dessen Seins, sondern auch die seiner selbst. Gedanken wissen, dass sie sterben werden, und so ist im Verstand ein natürliches Ablaufdatum eingebaut. Bewusstsein andererseits kennt so etwas überhaupt nicht. Bewusstsein ist ewiges Leben.

Gedanken sind von sich aus begrenzt, denn sie wissen, dass sie sich verändern, dass sie ersetzt werden durch andere Gedanken oder dass sie mit einer Menge anderer Gedanken durcheinandergebracht werden. Gedanken kennen den Tod, während Bewusstsein nur Leben kennt.

Gedanken kennen Zerstörung; das ist ihnen eingebaut. Gedanken warten nahezu auf ihre Zerstörung, weil das immer und immer wieder erfolgt ist. Gedanken lösen sich auf. Gedanken blicken die Natur an und sagen: »Die Natur zerbricht. Es fällt alles auseinander und stirbt am Ende. Auflösung wird es immer geben. Alles, was du aufbaust, wird zerstört werden.«

Der Verstand funktioniert also auf der Grundlage von Zerstörung. Auch wenn der Geist es vielleicht liebt, etwas aufzubauen und zu erschaffen, weiß er, dass sich alles, was er aufbaut, auflösen wird. Erkennst du die Vergeblichkeit und Sinnlosigkeit und Begrenztheit?

All das kennt Bewusstsein überhaupt nicht. Es gibt im Bewusstsein keine Zerstörung. Es ist konstantes Erschaffen.

Wenn ich ein Wort wie »Liebe« sage, was passiert dann? Zuerst taucht ein Gefühl auf und dann kommen Gedanken.

Liebe. Davon gibt es ein Bewusstsein, eine Bewusstheit. Liebe kann man nicht messen oder analysieren. Liebe kann man nur erfahren.

Und doch hast du Erfahrungen von Liebe gemacht, die eine Menge an Beziehungsgedanken mit sich bringen – die Liebe der Eltern, vielleicht eine Liebe, die schiefgegangen ist, sozusagen versauert, oder eine Liebe, die dich verletzt hat. Anfangs gibt es ein Bewusstsein oder ein Gewahrsein, aber dann setzt die Flut von Gedanken ein.

Fühle jetzt hinein in »Liebe«, im Bewusstsein, ohne die Beschränkung, Zerstörung und den Tod des Denkens.

Spüre das Bewusstsein von Liebe. Da ist eine Schwingung, eine Resonanz.

Bewusstsein »kitzelt« und reizt die Sinne. Es kann tatsächlich im Körper ein Gefühl erzeugen und zeitweise sogar eine Euphorie im Geist.

Bewusstsein ist einheitlich; Denken ist getrennt und zergliedert. Nehmen wir einen Film als Beispiel: Denken ist, als ob man jedes einzelne Bild des Films nehmen, es herausschneiden und an die Wand kleben würde, einen Clip nach dem anderen, und dann sagen »Das ist der

Film«, da es ja von einer Szene zur nächsten weitergeht. Denken konzentriert sich jeweils auf ein Einzelbild, eins nach dem anderen, bewertet es und sagt: »Hier küssen sich zwei Leute, im Hintergrund ist ein Vogel und ein Sturm zieht herauf, der sie durchnässen und sich schlecht fühlen lassen wird.«

So ist das Denken, es schaut das Leben Einzelbild für Einzelbild an, Szene für Szene. Es ist sehr aufgespalten. Es versucht, sich selbst zusammenzusetzen, indem es sagt: »Schau, hier haben wir all diese Gedanken, all diese einzelnen Bilder, also ist es doch ein ganzer Film, nicht wahr? Ist das nicht Bewusstsein?« Nein, natürlich nicht.

Denke an einen Film, den du vor Kurzem gesehen hast. Du wirst dich vermutlich nicht an viele Gedanken oder individuelle, spezifische Dinge von diesem Film erinnern, aber du hast ein Bewusstsein davon.

Atme tief ein und fühle in das Bewusstsein des Films; nicht in einzelne Bilder oder in einzelne Momente, sondern in den vollständigen Film. Spüre die Essenz der gesamten Erfahrung. Das ist Bewusstsein.

Gedanken sind getrennt, zerteilt, einzeln. Bewusstsein ist immer ganz und vollständig. Immer.

Bewusstsein kann nicht unvollständig sein. Es kann sich ausdehnen, wachsen, aber niemals unvollständig sein. Es kann niemals unerfüllt sein. Gedanken sind fast immer unvollständig, unerfüllt, sie brauchen immer noch irgendetwas mehr. Gedanken sind nimmersatte Energieräuber.

Während du jetzt in diesem Augenblick hier sitzt, schweben all die Denkfragen, die du jemals gestellt hast, irgendwo herum und versuchen, Antworten zu finden. Sie baumeln unerfüllt draußen im Universum herum. Sie bilden übrigens einen Teil dieser dunklen Materie. Jede unbeantwortete intellektuelle Gedankenfrage, die du jemals gestellt hast, versucht da draußen, ihre Antwort zu finden.

Bewusstsein benötigt keine Antworten. Es hängt auch nicht irgendwo da draußen herum. Es ermüdet dich nicht und verbraucht auch keine Energie. Es sucht nach nichts. Bewusstsein ist vollständig, vollkommen.

Gedanken sind programmiert. Denkt daran, dass über neunzig Prozent der Gedanken in euren Köpfen noch nicht einmal eure eigenen sind. Sie kommen von außen, aber ihr lasst sie zu und nehmt sie als eure eigenen an.

So viele Gedanken werden durch das Kollektivbewusstsein einprogrammiert, durch Massenhypnose und sogar allein durch das Erspüren von all dem, was da draußen ist.

Du öffnest dich, du spürst mehr als je zuvor, aber dann nimmst du an, dass all diese neuen Gedanken und Gefühle deine wären. Sie sind es aber nicht. Sie kommen von irgendwoher herein, aber es sind nicht deine eigenen, es sei denn, du wählst sie bewusst für dich.

Bewusstsein ist ganz deins und nur deins. Es kann nie von irgendeiner Programmierung oder durch das Bewusstsein von irgendjemand anderem unterwandert werden. Man kann Bewusstsein nicht vermischen, es kann absolut niemals »erobert« werden. Niemand kann von außen in das Bewusstsein eindringen oder es dir wegnehmen. Es ist und wird immer dein eigen sein und bleiben.

Bewusstsein ist singulär, einzigartig. Es ist wirklich umfassend, groß, weit und tief, aber es ist singulär. Es braucht all diese Abspaltung nicht. Es bedarf keines anderen außer sich selbst, noch nicht einmal Gott.

Gedanken verlangen nach Antworten auf ihre ständigen Fragen. Bewusstsein ist nur Bewusstsein. Es braucht nur sich selbst.

Wenn jemand ständig Dinge hinterfragt, ist er oder sie nicht wirklich im Bewusstsein. Sondern in einer massiven Denkerfahrung. Alles, was du wissen musst, jede Antwort, die du suchst, ist in deinem Bewusstsein vorhanden, in deinem wahren DU, dem ICH BIN. Es wird ein inneres Wissen sein und du wirst vielleicht noch nicht einmal erkennen, woher du das weißt, aber du weißt es einfach. So funktioniert Bewusstsein.

Schreibe das Verdienst dafür keinem Geistführer zu, keinem Engel, keiner Gottheit und auch keinem Gespenst. Es ist dein eigenes Bewusstsein, dass es bereits weiß. Man könnte sagen, dass das Bewusstsein alles weiß, aber das ist eine ziemlich mentale Art, es auszudrücken. Genau genommen muss das Bewusstsein nichts wissen.

Befrage dein Bewusstsein nicht, wie reich du vor zehn Leben warst oder in welchem Land du gelebt hast. Es muss sich daran nicht erinnern und es kümmert sich um solche Einzelheiten auch nicht. Diese Art von Fragen, alle möglichen Details wissen zu wollen, stammt aus dem menschlichen Denken. Bewusstsein interessiert sich nicht dafür. Es hatte seine Erfahrung, die wunderbar war; das Bewusstsein hat sie destilliert und sich dann von Neuem in sich selbst verliebt. Mehr braucht es nicht, das ist alles, was es will.

Zeit und Raum haben ihre Grundlage im Denken. Zeit-Raum existiert noch nicht einmal, es sei denn, du möchtest das, und dann begrenzt du dich darin. Ihr versucht, Zeit und Raum zu verstehen, ihr studiert Physik und Quantenmechanik und alles Mögliche, und am Schluss steckt ihr noch tiefer in Zeit und Raum fest. Weil ihr versucht, es mit dem Denken zu ergründen.

Wenn du nun aber tief einatmest und dich für Bewusstsein entscheidest – ohne Definition, ohne Denken, ohne Struktur –, dann gibt es plötzlich keine Zeit und keinen Raum.

Man könnte sagen, dass Bewusstsein *sein* soll und Gedanken *nicht sein* sollen. Sein oder Nichtsein – Bewusstsein oder Denken.

Bewusstsein ist neu, Gedanken sind alt. Gedanken sind Geschichte, wozu auch die zukünftige Geschichte zählt, denn Denken ist sehr linear. Die Seele weiß nichts von Geschichte; sie hat keine Geschichte. Sie destilliert Geschichte und Details und alles andere, presst aus ihnen alles heraus, was nicht nötig ist, und trinkt die Weisheit. Das ist alles im »Now-Moment«, im Augenblick des Jetzt.

Dieser Begriff, der »Now-Moment«, der Augenblick des Jetzt, ist abgenutzt. Er bedeutet schlicht, dass alles hier ist. Auf gestern und morgen kommt es nicht an, sie spielen keine Rolle. Nichts ist so passiert, wie du gedacht hast, dass es passiert ist. »ICH BIN DAS ICH BIN.« Das ist alles.

Glaubenssätze haben auch mit Gedanken zu tun. Ein Glaubenssatz ist eine Begrenzung. Das ist nicht so schlimm, solange du dir darüber im Klaren bist, dass es nur ein Glaubensmuster ist. Wenn du aber anfängst, deine eigenen Glaubenssätze als wahr anzunehmen und sie selbst wirklich zu glauben, dann gerätst du in Schwierigkeiten. Wenn du dir jedoch *bewusst* darüber bist, dass es lediglich ein Glaubenssatz ist – ein Werkzeug, ein Spielzeug, ein Akt, ein Rollenspiel, der Hut, den du dir gerade ausgesucht hast, um ihn auf deiner neuen Bühne des Bewusstseins zu tragen –, dann bist du frei, denn du kannst die Hüte ja jederzeit wechseln, wenn du das möchtest.

Bewusstsein ist inneres Wissen. Es braucht keine Glaubenssätze, noch nicht einmal den Glauben an inneres

Wissen. Es ist Bewusstheit, Gewahrsein. Es ist das Licht. Es ist das ICH BIN. Erlaube dir selbst, im Bewusst-Sein zu sein, erlaube dir wahrzunehmen, ohne irgendwelche Worte zu verwenden oder dich an etwas anderes zu erinnern als das ICH BIN.

Gedanken mögen Komplexität. Bewusstsein kehrt immer wieder zur Einfachheit zurück, immer und immer wieder. Bewusstsein dehnt sich in die Einfachheit hinein aus und kehrt immer zur schlichtesten Form zurück, die »Ich existiere« ist. Wenn du da draußen unter denen in Schwierigkeiten gerätst, die noch schlafen, wenn du Probleme mit deiner Arbeit hast, mit deiner Familie, mit deiner Gesundheit oder mit irgendetwas anderem, halte einen Augenblick lang inne. Fühle in dieses »Ich existiere« hinein, nicht als Gedanken, sondern als Bewusstsein. »Ich bin mir meiner Existenz bewusst. *Ich existiere.*« Das zieht die Energie an, die du brauchst, und alles ist vorhanden. Es ist wirklich so einfach.

Gedanken sind trügerisch. Anders ausgedrückt: Gedanken – und du – werden vorgeben, real zu sein, aber sie sind es nicht. Gedanken wissen, dass sie sich verändern und schließlich sterben werden, also wissen sie bereits innerlich, dass sie eine Mogelpackung sind. Wenn du also nur über so etwas wie Fülle *nachdenkst,* besteht da bereits ein grundlegender Verdacht deinerseits dir selbst gegenüber.

Es funktioniert nicht, weil hinter dem Denken keine echte Energie steckt, und so wirst du dich schon bald wie ein Lügner fühlen und dann ist dein Rollenspiel nichts mehr wert.

Bewusstsein existiert einfach. Wenn es also einen Akt des Bewusstseins gibt – nicht einen des Denkens, sondern des wahren Bewusstseins –, wird das alle Energien hereinziehen, um diesen Akt ohne jede Anstrengung zu unterstützen.

Neben all seinem Drama und dem Urteilen über Dinge steckt im Denken eine riesige Menge an Emotion. Im Bewusstsein ist keine Emotion. Überhaupt keine. Und an dieser Stelle verliere ich manchmal Menschen, die sich abwenden, weil sie sich ein Leben ohne Emotionen nicht vorstellen können. Sie möchten Emotionen beherrschen, wie ein Krieger sein Schwert beherrschen würde. Sie möchten Emotionen mit anderen anwenden. Sie wollen Emotionsmeister sein. Wenn ich also sage, dass im Bewusstsein keine Emotionen stecken, klingt das langweilig.

Die meisten Menschen fühlen sich fast wie tot, weil sie nur in ihren Gedanken sind. Drama und Emotionen lässt sie sich lebendig fühlen, zumindest einige wenige Augenblicke lang. Auch die, die von sich behaupten, sie seien auf dem spirituellen Weg, suchen manchmal in Wahrheit nur nach magischen Emotionen.

Bewusstsein hat keine Emotion, sondern tiefes, leidenschaftliches, sinnliches *Gefühl.*

Fühle jetzt in dein Bewusstsein hinein, ohne jede andere Definition als »Ich existiere«.

Atme tief ein in dieses »Ich existiere«, in die Wahrnehmung der Bewusstheit. Ich existiere. ICH BIN DAS ICH BIN.

Wir werden das Denken nicht auslöschen. Das funktioniert nicht und ist auch nicht notwendig. Wir brauchen nur den Unterschied zwischen Denken und Bewusstsein zu verstehen, damit du begreifst, wo du herkommst, wo dein Ausgangspunkt liegt. Stammt er aus dem Denken oder aus Bewusstsein? Vielleicht aus beidem.

Nun kannst du argumentieren, dass wenn es beides ist, dein Ausgangspunkt dann ja auch immer schon im Bewusstsein lag. Nun ja, das Bewusstsein ist da gewesen, aber solange du aus dem Denken gekommen bist, warst du dir dessen nicht bewusst. Welchen Nutzen hat Bewusstsein, wenn du dir dessen nicht gewahr bist?

Sobald du dir einmal der Bewusstheit bewusst bist, kannst du den Tanz des Bewusstseins *und* des Denkens beginnen, weil du dann als verkörperter bewusster Meister vorwärtsgehst und somit beides verwendest. Gedanken sind weiterhin wundervolle, schöne Werkzeuge. Gedanken helfen, Definition und Struktur zu verleihen, wenn du das möchtest, aber du kannst zur selben Zeit auch im Bewusstsein sein.

Wenn es um deine eigenen Vorurteile, Gedanken, Ängste und Begrenzungen geht, wirst du beginnen, den Unterschied dessen zu bemerken, was ein Gedanke ist, der sterben wird, und dem, was das wahre ICH BIN ist, das ewig ist. Dann fängst du an, Angst und Begrenzung hinter dir zu lassen. Du hast zwar immer noch Gedanken und sie bellen dich ab und zu auch noch an. Aber dann atmest du einfach tief durch und sagst: »Dieser Gedanke wird sterben. *Aber ich existiere.*«

Dann gibt es keinen Grund mehr für diesen Kampf zwischen den Gedanken und deinem Selbst. Dann ist es einfach eine Frage von bewusster Wahrnehmung.

Wenn du in deinen Gedanken stecken geblieben bist und versucht hast, alles zu ergründen und irgendeinen Sinn in allem zu sehen, dann höre bitte auf diese Worte: Du kannst darin keinen Sinn finden. *Es ergibt keinen Sinn.* Und eigentlich willst du das auch gar nicht. Du kannst dir dessen bewusst sein. Du kannst es fühlen. Du kannst Gedanken und Definitionen darüber haben, aber du musst mit dem Verstand nichts mehr ausfechten. Erlaube dir, deiner Bewusstheit gewahr zu sein – »ICH BIN, ich existiere, ich bin bewusst. So, wie werde ich nun von diesem Moment an agieren?«

Es kommt zu dir

In meiner Erleuchtung erkannte ich, dass alles zu mir kommt. Alles. In einer begrenzten menschlichen Realität musst du rausgehen und dich darum kümmern, dass etwas geschieht. Es braucht eine Anstrengung, einen Einsatz. Du musst Dinge anstreben. Du musst Dinge ausfindig machen. Aber in der Erleuchtung kommt alles zu dir. Das ist eines der Naturgesetze der Schöpfungsphysik. Es kommt zu dir in Resonanz auf deinen Akt des Bewusstseins. Das bedeutet, dass Menschen, Fülle und Energie zum exakt richtigen Augenblick kommen, dann, wenn man sie braucht – nie zu früh und nie zu spät.

Man gelangt an den Punkt, an dem man noch nicht einmal darüber nachdenkt, was man als Nächstes braucht. So oft muss man in der menschlichen Realität vorausdenken – »Was brauche ich morgen oder nächste Woche?« In der Erleuchtung ist jedoch alles, was du auch immer brauchen wirst, in der genau richtigen Menge zum perfekten Zeitpunkt da.

Das wird dich erst erstaunen – »Wie geht das denn?« –, aber dann erkennst du, dass dies die wahre Natur von Realität ist. Es war alles immer vorhanden, du warst dir dessen nur nicht bewusst.

Sogar Zeit wird zu dir gelangen und sich so ausdehnen oder zusammenziehen, wie sie am besten deinen Bedürfnissen dient. Anstatt laufend auf die Uhr zu sehen, um festzustellen, welche lineare Zeit gerade ist, bemerkst du, dass Zeit flexibel wird, um deinen Bedürfnissen und Wünschen entgegenzukommen.

Manche meinen, dass dieses erleuchtete Leben langweilig sei. Das stimmt überhaupt nicht. Nur weil du keine Herausforderungen zu bestehen oder kein Drama zu durchleben hast, bedeutet es nicht, dass es langweilig ist! Das Schöne an diesem erleuchteten Zustand ist, dass du immer noch Tage mit Drama erleben kannst, wenn du das möchtest. Es ist ja nicht so, als ob alle menschliche Aufgeregtheit für immer vorbei sein müsste.

Realität ist nicht singulär und sie ist auch nicht linear. Du kannst deine wunderschönen, friedlichen, von Weisheit erfüllten Tage des Nirwanas genießen und dann sagen: »Wisst ihr, morgen möchte ich mal wieder etwas Drama erleben. Vielleicht gerate ich in ein fürchterliches Gewitter.« Drama kann ja auch Spaß machen. Es ist aufregend!

Die Meister der Vergangenheit, die vor euch aufgestiegen sind, hatten diese Gelegenheit in der Regel nicht. Als sie aufstiegen, verließen sie die irdische Ebene, ohne die Chance zu erleben, wie es wäre, erleuchtet zu sein und trotzdem körperliche Erfahrungen zu machen.

Aber ihr könnt das, wenn ihr es wollt. Es kann Tage geben, an denen ihr irgendwelche körperlichen Beschwerden und Schmerzen auf euch nehmt, nur um zu erfahren, wie es ist, wenn man sich selbst rasch heilt. Das ist wirklich bewundernswert.

Das Großartige dabei ist, dass du niemals stecken bleiben wirst. Du kannst da hinein- und wieder herausgehen, die eine oder die andere Realität wählen, sie einfach aussuchen. Mehr ist nicht dabei. Du musst nicht groß darüber nachdenken. Es ist die Sache, die ich *Yo Soy El Punto* nenne. »Ich bin der Punkt. Ich bin immer dort, wo ich sein will.« Die Energien fließen dir dann zu, um dir zu dienen.

Die menschliche Realität scheint oft so begrenzt und fest, aber das muss nicht so sein. Ihr werdet noch in eurer Zeit erstaunliche Durchbrüche in der Physik miterleben. Manche nennen das Quantenphysik, aber es ist natürliche Physik.

Es ist Teil des Spiels des menschlichen Lebens, die Realität aus einer sehr begrenzten und linearen Perspektive zu sehen, die auf Zeit, Raum und Materie basiert. Aber die gesamte Realität existiert bereits, einschließlich jener Realitäten, die ihr bisher noch nicht wahrnehmt. Der Begriff »Wahrnehmung« wird euch immer wieder begegnen, denn Leben und Realität sind in Wahrheit nur eine Frage der Wahrnehmung.

Die Quantenphysik ist dabei, große Durchbrüche im Verständnis des Wesens von Realität zu erzielen. Zum

Beispiel dachte man, als man Teilchen noch in dem alten Bewusstsein untersuchte, dass sie sich in festgelegten Mustern und Richtungen bewegen und dass sie sehr spezifischen Ursachen und Wirkungen unterliegen würden. Die Naturwissenschaften beruhen bisher auf Ursache und Wirkung, aber auch das fängt jetzt an, sich zu ändern.

Quantenphysiker fangen nun an festzustellen, dass, wenn sie ein Teilchen beobachten, dieses eine bestimmte Reaktion zeigt und sich auf eine bestimmte Weise bewegt. Wenn dieses Teilchen jedoch nicht mithilfe der menschlichen Sinne beobachtet wird, bewegt es sich in mehrere Richtungen gleichzeitig.

Das sind keine nebulösen spirituellen Spekulationen oder Vorstellungen oder Konzepte, sondern genau das wird derzeit erforscht. Die Wissenschaft beginnt zu erkennen, dass sich die Teilchen nur dann in einer ganz besonders begrenzten Art und Weise verhalten, wenn sie von Menschen beobachtet werden. Jenseits der menschlichen Beobachtung sind alle Möglichkeiten real.

Das ist eine sehr bedeutsame Sache in Bezug auf Realität. *Realität beruht auf dem Bewusstsein des Beobachters* oder zumindest auf der Interpretation der Realität durch den Beobachter oder auf dessen Erwartung an die Realität.

Die Realität, in der ihr agiert, ist nichts weiter als Teilchen und Energie, die auf eure Bewusstheit und Wahrnehmung der Realität reagieren. Was passiert, wenn du dein Bewusstsein und deine Wahrnehmungen ausdehnst? Die Realität verändert sich.

Denke nicht in Form von Glaubenssätzen. Sie stammen aus dem Verstand und dessen begrenztem Auffassungsvermögen. Glaubenssätze sind in Wahrheit Illusionen, es sind Beschränkungen, die du der Realität auferlegt hast. Echtes Bewusstsein ist keine Sache von Glauben. Es ist eine Sichtweise, ein Standpunkt, aber keine Glaubensüberzeugung.

Du hast vermutlich irgendwann einmal versucht, einen Glaubenssatz zu verändern und dann vielleicht festgestellt, dass es nicht so gut funktioniert. Das ist so, weil Bewusstsein Realität erschafft; Glaubenssätze vermögen das jedoch nicht.

Wenn du deinem Bewusstsein erlaubst, sich auszudehnen, nimmst du mit einem Mal wahr, dass es so viel mehr in der Realität gibt. Klar, die Naturwissenschaften, wie ihr sie kennt, sind schon real, aber sie zeigen nur eine kleine Facette der gesamten Realität, von allem, was bereits existiert.

Um es anders auszudrücken: Das Potenzial von allem, was du jemals tun wirst, ist bereits vorhanden, mit der Ausnahme dessen, was nach deiner Erleuchtung geschieht, denn sogar die Seele konnte nicht im Voraus wissen, was im Zuge deiner Erleuchtung passieren wird.

Die Realität nach der Erleuchtung ist frei und klar. Es sind leere Seiten, auf denen du erschaffen kannst. Das ist jedoch ein Thema für ein anderes Buch.

Die Realität ist viel mehr, als die Menschen bisher wahrnehmen. So viel mehr passiert jetzt in diesem Moment. Während du dieses Buch liest, geschehen zugleich viele andere Dinge. Die Energie in dir verändert sich. Deine DNS verändert sich. Dein Bewusstsein verändert sich, obwohl du dich gerade auf diese Seiten konzentrierst und meinst, nur Worte zu lesen.

* * *

Jederzeit gehen winzige Teilchen in deine Realität hinein und hinaus. Ein Teilchen ist etwas, das aus dem Spektrum des Lichts kommt, und Licht stammt im Prinzip aus der lichtvollen Strahlung der Leidenschaft. Es gibt etwas, was wir ein *Ica* nennen. Es ist das kleinste Teilchen, das direkt auf die physikalische Realität einwirkt.

Ica-Teilchen sind nicht auf diese 3-D-Realität festgelegt. Sie können sich leicht in das hineinbewegen, was ihr Dimensionen nennt, und auch wieder hinaus. Und das tun sie gerade auch. Sie bringen Energien aus anderen Dimensionen, in Erwartung eurer Potenziale, wozu auch das Potenzial zur Verwirklichung der Erleuchtung gehört. Das geschieht nicht nur auf einer Ebene, sondern vollzieht sich gerade jetzt auf zahlreichen Ebenen zugleich.

Die Ica-Teilchen stammen aus der Lichtfamilie bzw. dem Lichtspektrum, denn es ist Frequenz, und jede Schwingung oder Frequenz gehört zu einem Teil des Lichtspektrums.

Das Ica ist ein Teilchen und zugleich auch kein Teilchen, ähnlich wie ein Photon sowohl ein Teilchen als auch eine Wellenform ist. Das Ica ist so winzig, dass es von keinem bisher gebauten wissenschaftlichen Instrument entdeckt werden kann. Es ist das kleinste Teilchen, auf das Bewusstsein in dieser Realität einwirken kann.

Neben der Eigenschaft, einfach ein Teilchen zu sein, ist ein Ica auch etwas, was ich einen »Lockstoff« nenne, weil es Energie anzieht. Es ist nicht notwendigerweise selbst Energie, aber es zieht Energie an, welche dann hilft, Realität zu bilden. Es wird durch den Akt des Bewusstseins manifestiert bzw. ins Sein gerufen.

Denk daran, dass Bewusstsein sehr wenig mit Gedanken und Glaubenssätzen zu tun hat. Bewusstsein ist nicht das, was du gerade denkst, sondern achtsame Wahrnehmung und Gewahrsein. Bewusstsein wird in deinen Akt, in deine Rolle, in dein Meisterspiel durch Leidenschaft gebracht. Und wahre Leidenschaft, Seelenleidenschaft ist es, was Licht und Icas entfacht und Realität erschafft.

Macht ist eine Illusion

Im Kern aller Dinge gibt es keine Macht. Sie ist nicht nötig. Macht ist eine Illusion.

Deine Seele besitzt keine Macht. Sie ist reines Bewusstsein, ohne ein Bedürfnis nach Macht und sie braucht noch nicht einmal Energie.

Macht ist eine der größten Illusionen von allen. Seit Äonen von Zeiten ist sie von Engeln und Menschen zum Zweck der Manipulation und Kontrolle benutzt worden. Macht wird von jenen angewendet, die versuchen, Energie von außerhalb ihrer selbst zu bekommen. Wenn du in das Bewusstsein von Erleuchtung gelangst, wird dir klar, dass Macht eine Illusion ist.

Macht bedeutet im Grunde genommen die Ansammlung, Speicherung und Anwendung von Energie und das Spiel der Macht ist in den Engelebenen fast von Anfang an gespielt worden. Engel haben versucht, Energie von anderen Engelwesen zu rauben, weil sie meinten, sie hätten nicht genügend Energie in sich selbst. Sie dachten, dass jemand anderes die Antwort oder Lösung oder Energie hätte, die sie brauchten. Also haben sie versucht, sie sich zu nehmen, und das hat schließlich zu Machtspielen geführt.

In der Erleuchtung entdeckst du, dass du nicht viel Energie benötigst und dass sie immer in Fülle vorhanden ist, wenn du sie brauchst. Du realisierst auch, dass du keine Energie von einem anderen Wesen nimmst, wenn du sie anwendest. Man kann Energie nicht zerstören. Sie existiert immer. Damit verschwindet das Verlangen nach Macht, einschließlich des Bedürfnisses nach Macht über dich selbst. Du stellst fest, dass der Wunsch nach Macht über deinen Geist, Macht über deine Aspekte und danach, deinen Weg durch das Leben mit Macht zu beschreiten, sich schlichtweg auflöst. Macht ist eine Illusion, aber eine, der viele Wesenheiten und Menschen verfallen sind. Sie können Macht offenbar nicht loslassen.

Es gibt solche, die Macht in Form von Geld, Herrschaft über andere, Produkten oder Waffen anhäufen. Das erleuchtete Wesen erkennt jedoch, dass Macht eine große Illusion ist, denn alle Energie – alle, die du jemals brauchen wirst – existiert schon, bereit, dir zu dienen. Man muss sie nicht erst herbeizwingen oder manipulieren. Man braucht keine Zauberkräfte, keine schwarze Magie, keine Einschüchterung oder irgendeine andere Form der Überredung.

Macht ist wirklich eine Illusion. Wie fühlt sich das an?

Ich sehe so viele Menschen, die bis zur Schwelle der Erleuchtung kommen und sich dann doch von Macht verführen lassen. Ich kann das erkennen, weil es so aussieht, als ob diese Menschen einen Panzer tragen, um ihren Weg in die Erleuchtung zu erstreiten und zu erkämpfen. Wenn ich sie bitte, ihre Armierung abzulegen, fühlen sie sich verletzlich und nackt. Den meisten fällt das sehr schwer, auch wenn sie es versuchen, weil sie glauben, dass Macht ihnen Sicherheit verliehen und ihnen geholfen hätte zu überleben und sie immerhin bis an diese Schwelle gebracht hat.

Ich bitte sie dennoch, sich von der Illusion der Macht zu lösen. Die passt nicht durch die Tür zur Erleuchtung, und ihr Rollenspiel im Machtbewusstsein wird nur andere anziehen, die mehr als zufrieden sind, ihnen mit Machtspielen zuzusetzen.

Dieser Punkt ist für viele eine Hemmschwelle, an der sie stoppen, weil sie sich ohne ihre Macht wehrlos fühlen, verletzlich und schwach. Sie zucken vor der Schwelle der Erleuchtung zurück, kehren wieder in ihr Alltagsleben zurück und versuchen erneut, mit Macht ihren Durchbruch zu erzielen – bis der Tag kommt, an dem sie wirklich bereit sind, Macht loszulassen.

Atme tief ein und lass Macht eine Sache der Vergangenheit bleiben. Sie war Teil der alten Erfahrung, aber wenn du jetzt in deinem Leben voranggehst, brauchst du sie nicht. Und wenn du Macht loslässt, kann auch keiner mehr Machtspiele mit dir spielen. Energie wird dir auf ganz natürliche und umfassende Weise dienen, wenn du das zulässt und annimmst, wenn du es erlaubst. Du brauchst keine Macht.

Yo Soy El Punto – Ich bin der Punkt

Du bist nie allein.

Was bedeutet das? Zunächst einmal heißt es, dass viele andere Gleichgesinnte auf derselben Reise zur Erleuchtung sind. In der Geschichte dieses Planeten haben noch nie zuvor so viele Menschen ihr Erwachen zur gleichen Zeit erlebt. Du bist also nicht allein. Es gibt viele, viele andere.

Jede Reise ist sehr persönlich und einzigartig. Es gibt keine Keksausstechförmchen, kein festgelegtes Muster, keinen einzigen Weg, wie man das macht – aber du bist nicht allein. Es gibt viele andere, mit denen du zusammen lachen, dich austauschen und die Reise gemeinsam unternehmen kannst.

Du bist niemals allein, denn als du in dieses Leben kamst, wusstest du, dass es das Leben der Erleuchtung sein würde – nicht einfach ein weiteres Leben, sondern *das* Leben. So hast du dir Führung, Hilfe und Unterstützung herbeigerufen.

Es gibt Engelwesen wie Kuthumi, Tobias, Kryon und viele, viele andere, die hier sind, um euch bei eurer Erleuchtung zu unterstützen. Am Ende bist du es selbst, der sie erfahren wird, aber du hast all diese Meister angerufen, an dieser kritischen Wegmarke deiner Reise mit dabei zu sein.

Mehr als alles andere bedeutet die Aussage »Du bist nie allein!«, dass dein ICH BIN, deine eigene Göttlichkeit, hier in jedem Augenblick bei dir ist.

* * *

Nun wollen wir einen Werkzeugkasten der Erleuchtung zusammenstellen, eine Sammlung von Instrumenten, die dir auf dem Weg dorthin helfen können.

Das erste Werkzeug ist Erlauben

Erlauben, zulassen und annehmen bedeutet, dass du dir selbst vertraust, dass du dich nicht selbst anzweifelst. Erlauben heißt zu verstehen, dass diese Erleuchtung ein natürlicher Vorgang ist. Es wird auf jeden Fall geschehen, ganz gleich was sonst passiert. Dieser Prozess ist bereits in der Seele angelegt, Erleuchtung ist bereits vorhanden; lass sie einfach geschehen. Atme tief ein, gib deinem Selbst Raum und nimm dich selbst an.

Das nächste Werkzeug ist Leidenschaft

Leidenschaft entfacht Energie, sie ist das, was dein Leben in jeder Situation mit Energie erfüllt. Denken und mentale Visualisierungen haben wenig Leidenschaft und können deshalb auch nicht viel Energie herbeirufen.

Das dritte Werkzeug, das es wert ist, sich daran zu erinnern, ist der Punkt des Bewusstseins

Damit ist die Verschiebung einer Perspektive zu einer anderen gemeint, ohne darüber nachzudenken. Ich nenne es Yo Soy El Punto – Ich bin der Punkt. Es ist eine Bewusstseinsverlagerung.

Eines der großen Ablenkungsmanöver auf dem Weg zur Erleuchtung ist die menschliche Vorstellung, dass man keinerlei Probleme mehr hätte, sobald man erleuchtest ist. In Wahrheit wird es Probleme geben, solange ihr in dieser physischen Realität hier lebt – einfach schon deshalb, weil es andere Menschen gibt.

Es wird immer noch das Drama der Verlockung und Verführung geben, aber es muss dich nicht mehr in sich hineinziehen und verzehren. Vielmehr wirst du fähig sein zu sagen: »Oh, Drama! Ich werde diese Erfahrung eine kleine Weile mitmachen und mich dann entscheiden auszusteigen. Ich werde meinen Punkt des Bewusstseins verändern. Yo Soy El Punto – ich bin der Punkt – und einfach aussteigen. Es ist einfach nur eine Erfahrung.«

Ihr seid daran gewöhnt, euren Punkt des Bewusstseins durch Denken zu verändern. Ihr wollt nicht krank sein, nicht ungesund sein, also denkt ihr: »Wie kann ich gesund werden?« Da steckt keine Leidenschaft drin, das ist nur eine mentale Frage, die euch sogar noch mehr blockiert. Du kannst stattdessen sagen: »Ich bin an diesem Punkt des Bewusstseins, ungesund zu sein«, und dann kannst du tief durchatmen und einfach hinübergehen zum Punkt des Bewusstseins, gesund zu sein.

Anders gesagt: Wenn du ein Gesundheitsthema hast, nimm einfach einen tiefen Atemzug und beginne zu agieren, als ob du gesund wärst. Das ist alles. Das bringt die Veränderung von einem Bewusstseinspunkt zu einem anderen. Du fängst einfach an, eine Rolle zu spielen, die deine Wahrnehmung verändert, was wiederum die Art und Weise verändert, wie Energie einfließt. Dies führt dann dazu, dass sich deine Realität verändert. Du erreichst diesen Punkt des Bewusstseins nicht dadurch, dass du dich in ihn »hineindenkst«, sondern du selbst *wirst* zu diesem neuen Bewusstseinspunkt. Deshalb spreche ich von *»Yo Soy El Punto* – Ich BIN der der Punkt des Bewusstseins, den ich wähle.«

In der Vergangenheit habt ihr versucht, es gedanklich durchzugehen, und ihr seid steckengeblieben. Nun, stelle dir das einfach so vor, als ob du auf einen anderen Stern hüpfst. Du bist einfach dort, du erlaubst dir einen Perspektivenwechsel, und das verändert die Art und Weise, wie Energie hereingebracht wird.

Agiere einfach so. Spiel es einfach aus. *Yo Soy El Punto. Ich bin der Punkt des Bewusstseins.*

Wenn es ein Problem in deinem Leben gibt – Beziehung, Fülle oder irgendetwas anderes –, sei dir zunächst einmal der Energie in diesem Problem bewusst. Anstatt zu denken »Oh, was kann ich nur bei diesem Problem machen?«, nimm dir einen Augenblick Zeit und sei dir dessen *bewusst.*

Dann, anstatt zu versuchen, das Problem mit Geist und Verstand zu lösen, entferne einfach die Macht aus ihm. Es besteht eine Machtdynamik. Nimm einfach die Macht aus diesem Problem heraus.

Und nun komme zu diesem Bewusstseinspunkt, dem Yo Soy El Punto, und *sei,* wo du sein möchtest, ohne das Problem. Es ist so einfach. Denke nicht über das Problem nach, sondern komm an diesen neuen Ort, wo es nicht existiert.

Und dann *erlaube* der neuen Realität hereinzukommen. Und sie wird es tun. Sie hat jetzt Energie. Du hast eine Wahl getroffen. Du bist dir auf einer sehr liebevollen, einfühlsamen Ebene bewusst, was das Problem war, und bist jetzt einfach in diese neue Realität gekommen. Es ist so einfach.

Nehmen wir an, du bekommst immer Halsentzündungen. Sitz nicht da und denke über den Grund dafür nach oder sage »Ich bekomme sicher Halsweh, weil ich meine wahre Stimme nicht herauslasse«, denn dann bleibst du ganz auf der mentalen Ebene. Sei dir schlicht des wunden Halses bewusst, atme tief ein und löse die Macht darin auf.

Jetzt machst du dich auf zum neuen Bewusstseinspunkt der Gesundheit –Yo Soy El Punto. Du springst hinüber ins Bewusstsein einer ausgeglichenen Gesundheit, atmest tief durch und fühlst die Leidenschaft – »Ah! Gesundes Leben! Integrierter Körper!« Diese Leidenschaft bringt dir nun die Energien der Gesundheit und fängt an, deine Biologie ins Gleichgewicht zu bringen. Du atmest tief ein und erlaubst diesen Energien, dir zu dienen. Du denkst nicht darüber nach, machst dir keine Sorgen darum und tust dir keinen Stress an. Du erlaubst es einfach. Es ist so einfach. So, mein lieber Freund, lebt man als ein erleuchtetes Wesen. *Es ist wirklich so einfach.*

Vielleicht habt ihr ein Problem mit Fülle. Oh, ihr habt Fülle so viel Macht gegeben! Selbst wenn ihr Mangel an Fülle erfahrt, bedeutet das, dem Macht zu verleihen, besonders, was das Geld anbetrifft. Darin steckt eine Menge an blockierter Energie, passt auf! Ihr müsst mit dem Mangel nicht reden, sondern einfach nur wach sein. »Ah, so fühlt sich das an.« Geht aus eurem Kopf und fühlt nur hinein, und zieht dann die Macht darin wieder heraus. Du kannst sagen: »Macht ist eine Illusion. Diese Sache hier braucht keine Macht zu besitzen.«

Du atmest tief durch und veränderst einfach deinen Bewusstseinspunkt. Anstatt im Bewusstsein des »Mangels an Fülle« zu stecken, springst du rüber auf einen anderen Stern, auf den der Fülle, ohne Anstrengung und Mühen – »Yo Soy El Punto, Ich bin der Punkt der Fülle!«

Fühle einen Moment lang diese Leidenschaft, die Leidenschaft der Energie, die des Geldes, das dir dient. Stell dir vor, was du tun kannst. Spüre die Leidenschaft, denn diese Leidenschaft ruft die Energie herbei.

Energien werden auf jeder Ebene im neutralen Feld – irdische, kosmische, kristalline und innerste Energie – durch unsere Leidenschaft für Fülle aktiviert. Geh dir einfach selbst aus dem Weg und lass es zu, dass es geschieht. Denke nicht darüber nach und frage dich auch nicht, ob du es »richtig« gemacht hast. *Erlaube* es und dann passiert es.

Vielleicht zweifelst du an dir. Vielleicht liebst und achtest du dich selbst nicht. Wie die anderen Probleme auch ist der Mangel an Selbstwert eine Art von Wesenheit. Sie wird aus deinen Gespenstern und Dämonen gebildet, aus jenen Aspekten, die dich verhöhnen und lächerlich machen, und darin wird mehr Energie gebunden als in fast allen anderen Problemen. Du selbst hast ihnen eine Menge von Macht übertragen. Du zweifelst an dir selbst, verabscheust dich und begrenzt dich selbst auf so vielfältige Weise.

Es spielt wirklich keine Rolle, warum du das gemacht hast – vielleicht nur, um eine solche Erfahrung zu machen –, aber Tatsache ist, dass du es getan hast.

Sei dir jetzt also dieses Mangels an Selbstwertgefühl und Mitgefühl für dich selbst bewusst. Du wendest dich allen anderen in Mitgefühl zu, hast aber vergessen, es dir auch selbst zu geben. Fühle da hinein. Denke nicht darüber nach, sondern spüre es. Es gibt da eine Resonanz.

Nimm nun die Illusion der Macht fort, die du all dem gegeben hast. Ja, du kannst die Macht lösen. Sie wird versuchen, dir zu sagen, dass du das nicht könntest, aber das ist nur ein blödes Spiel. Steh für dich selbst ein!

Entscheide für dich selbst.

Sei du selbst. Entziehe dem jetzt die Macht.

Du hast es erschaffen; du kannst es jetzt auflösen, es ungeschaffen machen.

Atme tief ein.

Geh nun an diesen neuen Bewusstseinspunkt – Yo Soy El Punto, in das ICH BIN, das Mitgefühl der Seele. »Ich bin das Ich bin. Ich existiere. Deshalb hat nichts Macht über mich, auch keiner all dieser Aspekte. Ich bin das Ich bin. Das ist es, wofür ich mich entscheide, was ich wähle.«

Fühle dich an diesem neuen Bewusstseinspunkt, wo du Gewahrsein deiner Selbst durch die Augen des Mitgefühls, der Würde, Selbstannahme und Liebe hast.

Spüre, wie diese Leidenschaft – die Leidenschaft, dich selbst zu lieben – dich erfüllt und dann überfließt und wieder zurückkommt zu dir, sodass du dich wieder und wieder und wieder in dein Selbst verliebst.

Fühle die Leidenschaft, mit deinem Selbst zusammen zu sein, du und dein Spirit.

Diese Leidenschaft bringt alle die Energien hervor – die Energie des innersten Kerns, die Kristallenergie, die kosmische Energie und die Erdenergie –, um so die Realität zu erschaffen, die Erfahrung, dich selbst wieder und wieder und wieder zu lieben.

Und akzeptiere am Ende einfach, dass du dich selbst lieben kannst, dass du gesund sein kannst und Fülle und Beziehungen haben kannst, dass du Freude erleben kannst, und erlaube, dass es so wird.

Atme tief durch.

Es ist wirklich so einfach.

Teil IV

Es ist Zeit

Der Merlin-Effekt

Merlin war keine bestimmte Person. Merlin war ein Titel, eine Funktion, die von zahlreichen Meistern im Verlaufe der Zeiten übernommen wurde. Die meisten Leute haben von Merlin von Camelot gehört, der in die Zeit des vierten und fünften Jahrhunderts zurückreicht, aber der Titel des Merlin wurde zuerst um etwa 600 v. Chr. getragen. Ein Merlin war in Europa und im Mittleren Osten seit dieser Zeit bis zum 17. Jahrhundert präsent, vor allem in Rumänien, Frankreich, England, Ungarn und Österreich. Die Merlins der jeweiligen Epoche wirkten eng mit den Mysterienschulen zusammen. Sie waren für ihre Fähigkeit bekannt, Zeitreisen zu unternehmen und ihre Gestalt zu verändern. Wenn ein Merlin einer Ära den Merlin einer anderen Ära während ihrer Zeitreisen traf, begegneten sie sich mit dem Gruß »Oh-Be-Ahn«. Seit etwa vierhundert Jahren hat es keinen verkörperten Merlin mehr gegeben.

Der Merlin-Effekt beruht auf einer spirituellen Physik, die jeder erfahren kann. Merlin vermochte in der Zeit vorwärts und rückwärts zu reisen. Merlins *Zukünftiges Selbst* pflegte sein *Früheres* oder *Gegenwärtiges Selbst* zu besuchen – nicht in dem Bestreben, irgendetwas zu verändern, sondern einfach um daran zu erinnern, dass alles in Ordnung ist. Das ist ein bemerkenswertes und schlichtes Konzept, das auf dramatische Weise dein Gespür, deine Wahrnehmung von Leichtigkeit und Wohlergehen in deinem Leben beeinflussen und öffnen kann.

Zeitreisen in eure Vergangenheit stellen eine tief greifende Erfahrung dar. Dazu gehört auch ein enormes Maß an Mitgefühl, das daraus besteht, alles vollständig zu ehren und zu achten, was ist. Du wirst dir selbst als Kind begegnen, als Teenager oder junger Erwachsener, und das häufig auch an einem Traumapunkt. Und weil es sich dabei um dich dreht, gibt es eine Neigung, sich entweder von der Emotion und dem Trauma gefangen nehmen zu lassen oder zu versuchen, die Situation in Ordnung zu bringen. Beim Merlin-Effekt geht es jedoch nicht darum, die Vergangenheit zu verändern. Es geht darum, der Vergangenheit einen mitfühlenden Besuch *als ein Beobachter* abzustatten.

Du brauchst noch nicht einmal mit deinem *Früheren Selbst* ein Wort zu wechseln. Sei einfach in deiner Ausstrahlung, in deinem Glanz, in deiner ICH-BIN-Präsenz. Dieser schlichte Akt wird von deinem *Früheren Selbst* erspürt. Es wird sich fühlen, als ob es von einem wunderbaren liebevollen Engel während einer Zeit großer Probleme oder Schwierigkeiten besucht worden wäre – und so ist es ja auch. Der wunderbare Engel warst du, aus der Zukunft gekommen, aus dem Jetzt. Deine mitfühlende Präsenz lässt dein *Früheres Selbst* wissen, dass alles in Ordnung ist, dass alles gut ist.

Und mit einem Mal wird dein *Gegenwärtiges Selbst* realisieren, dass in der damaligen traumatischen Erfahrung so viel mehr steckte als das, woran sich der Verstand erinnert hatte. Der Verstand hatte die Fülle und den Reichtum der Erfahrung herausgefiltert und sich stattdessen auf das Trauma fokussiert. Aber in der Erfahrung war so viel mehr an Vielfalt enthalten.

Du kannst Zeitreisen zu mehr als nur traumatischen Ereignissen deiner Vergangenheit unternehmen. Du kannst dein *Früheres Selbst* besuchen, als du mit deinen Freunden gespielt hast, im Wald spazieren gegangen bist oder in der Schule deinen Tagträumereien nachgehangen hast. Jedes Mal, wenn du eine Zeitreise in deine Vergangenheit unternimmst und deine Ausstrahlung und dein Mitgefühl einbringst, wird eine neue Weisheit sowohl für dein *Früheres Selbst* als auch für dein *Gegenwärtiges Selbst* geboren.

Was da geschieht, ist, was Tobias vor Jahren so ausgedrückt hat: *Die Zukunft ist die geheilte Vergangenheit.* Wenn du voller Mitgefühl in deine Vergangenheit zurückreist, heilt und erlöst das deine Traumapunkte und erlaubt dir dabei, neue Potenziale für die Zukunft zu sehen, weil du nicht mehr länger durch die Beschränkungen der Vergangenheit oder die Trauer darüber gebunden bist.

Du kannst den Merlin-Effekt auch von deinem *Zukünftigen Selbst* zu deinem *Gegenwärtigen Selbst* hin erfahren. Vermutlich macht dein Zukünftiges Selbst das bereits mit dir; nun geht es nur noch darum, dass du das bewusst wahrnimmst.

Um das zu tun, suche dir einen ruhigen Platz und widme dich zehn Minuten lang dem bewussten Atmen und der Entspannung. Dann erlaube dir einfach, die Präsenz deines *Zukünftigen Selbst* zu fühlen. Genauso, wie du es bei der Zeitreise zu deinem *Früheren Selbst* gemacht hast, wird dein *Zukünftiges Selbst* in mitfühlendem Glanz bei dir sein. Es (also du) wird keine Worte sprechen, weil sie bedeutungslos wären. Aber du kannst in diesem Augenblick der Gegenwart die Liebe, die Anmut und Weisheit deines *Zukünftigen Selbst* spüren. Die Erfahrung ist fast unbeschreiblich. Wenn du die Präsenz des Meisters spürst, der du in der Zukunft sein wirst, wird dich das daran erinnern, dass du bereits heute ein Meister, eine Meisterin bist.

Es ist Zeit, dass du über *Zeit* hinausgehst. Während du aus den Schranken der dreidimensionalen Realität ausbrichst, beginnst du zu erkennen, dass deine Vergangenheit nicht das ist, an was du dich erinnerst. Du realisierst, dass der Meister nicht nur in der Zukunft existiert. Der Meister – du! – ist hier und jetzt und er war in jedem Augenblick deiner Vergangenheit da. Du erkennst, dass Erleuchtung im Körper nichts ist, was du erst noch anstreben musst, denn sie besteht bereits – wenn auch von etwas ausgehend, was ihr die Zukunft nennt.

Die Zeitlosigkeit in der Erfahrung des Merlin-Effekts wird dir helfen zu verstehen, dass schon alles gut ausgehen wird, dass *alles in Ordnung ist.* Du kannst dieses Experiment oder diese Übung jederzeit ausführen – aus der Gegenwart in deine Vergangenheit zurück oder von deiner Zukunft aus in die Gegenwart. Denke dabei daran, immer im Mitgefühl zu sein. Du versuchst nicht, irgendetwas zu reparieren, denn es gibt nichts, was defekt wäre.

Nachdem du den Merlin-Effekt in deinem eigenen Leben erfahren hast, wirst du begreifen, dass die Erleuchtung schon passiert ist! Wie wirst du dich nun entscheiden, dorthin zu gelangen oder sie zu verwirklichen? Sie ist bereits an einem Punkt geschehen, den ihr, die Menschen, als »Zukunft« bezeichnen würdet. Nun, welchen Weg wählst du dorthin?

Fühle in die Erfahrung des Merlin-Effekts, ob später an diesem Tag, nächsten Monat, in drei Monaten oder zu irgendeinem anderen künftigen Zeitpunkt. Fühle tief dort hinein – es geht nicht um die Einzelheiten, wie du dorthin gelangt bist, sondern um die Erfahrung und Erkenntnis. Es geht nicht um ein spezielles Ereignis, sondern um das echte Gefühl.

Es ist schon geschehen. Es ist schon hier. *Wie fühlt sich das an?*

Spüre die Leidenschaft der Seele, welche Erleuchtung in diese menschliche Ebene gebracht hat.

Fühle in diese lebensverändernde Erfahrung hinein – in die Essenz, die Schönheit, die Anmut, die Entfaltung.

Das ist keine Prophezeiung oder Voraussage. Es ist nicht Schicksal oder das Ergebnis astrologischer Ereignisse. Es ist einfach nur die Leidenschaft der Seele, die sich tief in den Menschen integriert.

Das ist nichts, was euch zugefügt oder auferlegt wurde. Es geschieht, weil du dich für die Erleuchtung entschieden hast und du *erlaubst* und annimmst, dass es so wird. Mach dir keine Gedanken darüber, wie du zur Erleuchtung gekommen bist, und versuche auch nicht, die Ereignisse zu deuten, die dorthin geführt haben. Fühle einfach in die Verwirklichung, in die Bewusstheit der Erfahrung.

Bitte … lege dieses Buch kurz beiseite und fühle in die Leidenschaft deiner Seele. Sie *ist* bereits erleuchtet; spüre das jetzt, während es zu dir gelangt.

Um Meister zu sein, geh wie ein Meister

Um Meisterin zu sein, geh wie eine Meisterin. Um Meister zu sein, geh wie ein Meister. Jede Energie reagiert auf den Akt des Bewusstseins, auf das Spiel des Meisters, auf die geistige Haltung und Rolle, die man einnimmt. Das bedeutet, dass sich Energie buchstäblich auf dein Bewusstsein einstellt.

Die meisten Menschen sind sich ihres Bewusstseins nicht bewusst. Sie bemerken vielleicht, dass sie Gedanken haben, aber wenn du dir deines Bewusstseins gewahr bist, ist das mehr ein Gefühl. Und darauf reagiert Energie, denn wahres Gefühl, was ich sensorische Intelligenz nenne – das sind die körperlichen Sinne des Menschen *und* die Sinne des ICH BIN – enthält Leidenschaft. Ob es dann Traurigkeit und Verzweiflung oder Glück und Freude ist, ob es Fülle oder Mangel ist – es steckt Leidenschaftlichkeit darin, eine Ausstrahlung. Und diese Ausstrahlung ruft die Energien herbei – die Menge an Energie, die Art von Energie, das spezielle Verhältnis von negativen und positiven Teilchen, welche die Realität manifestieren.

Es ist eure Leidenschaft und Ausstrahlung, welche die Realität erschaffen, nicht der Geist oder das Denken. Deswegen war ich nie ein Anhänger von Affirmationen, denn sie sind ziemlich mental. Wenn ihr versucht, eure Realität mithilfe von Affirmationen zu verändern, werdet ihr am Ende ziemlich frustriert sein und denken, dass ihr nicht sehr gut darin seid, etwas zu erschaffen. Nein, der Grund ist, dass Affirmationen mental sind und nicht viel Leidenschaft in ihnen steckt.

Ich bin auch kein Fan von dem, was man das »Gesetz der Anziehung« nennt. Das Prinzip ist gut, aber die Ausführung ist meistens mehr mental als leidenschaftlich. Es gibt sogar eine Menge Angst im Hinblick auf das Gesetz der Anziehung, wie »Oh, mein Gott, ich werde das Falsche in mein Leben ziehen. Besser mache ich gar nichts. Ich verstecke mich lieber! Ich könnte ja einen falschen Gedanken denken«.

Gedanken sind in Wirklichkeit nicht sehr machtvoll, weil sie nicht viel Energie enthalten. Aber die *Angst,* etwas falsch zu machen – ah, darin steckt eine Passion! In Wahrheit ist es die Anziehungskraft bzw. der »Magnetismus« der Leidenschaft, was die Wirklichkeit erschafft.

Energie reagiert auf den Akt, auf den Ausdruck des Bewusstseins. Auch wenn du dir deines Bewusstseins nicht so gewahr bist, reagiert Energie dennoch. Selbst wenn dein Bewusstsein schwach ist, wird die Energie entsprechend darauf reagieren.

Was ist zu tun? Also, du kannst darüber reden, darüber nachdenken oder entsprechend agieren. Wie gehst du damit um? Wie spielst du es aus? Fangen wir mit etwas sehr, sehr Einfachem an: gehen. Das hilft dir, ein bisschen aus deinem Verstand auszusteigen und in deinen Körper zu gehen. Es lässt Gefühle fließen. Gehen ist ein guter Anfang, um wie ein Meister zu agieren. Selbst dann, wenn du nur eine Rolle spielst, und sogar auch dann, wenn du das für eine totale Vortäuschung hältst. Die Tatsache, dass du es machst und es zulässt, verändert die Dynamik der Energien.

Steh also jetzt auf und geh herum, als ob du bereits ein Meister wärst. Anfangs fühlt sich das vielleicht ein bisschen komisch und unbehaglich an, etwa so: »Na, das bin ich ja nun gar nicht selbst.« Doch, das bist du, wenn du dich dafür entscheidest. Möchtest du wirklich ein Meister sein? Dann fang an, auch wie ein Meister zu gehen.

Siehst du, die Energie wird auch dann reagieren, wenn du es nur vortäuschst, weil … nun ja, weil *alles* Vortäuschung ist. Es ist alles nur eine Illusion. Es ist alles ein Akt, ein Spiel. Du wirst bald feststellen, dass alles bis jetzt ein Rollenspiel gewesen ist, eine Akt des Bewusstseins. Ein wunderschönes Bühnenspiel, ein gut dargestellter und wohl orchestrierter Akt, der von Energie und anderen Menschen unterstützt wurde – und dennoch nicht mehr als ein Rollenspiel.

Der wahre Grund, warum du dich zurückhältst oder dich ängstlich und besorgt fühlst, ist, weil es funktioniert. »Oh, meine Güte, ich *kann* ja meine Realität wirklich verändern! Es ist wirklich so einfach. Aber vielleicht sollte ich besser gar nichts machen, weil es auch schiefgehen könnte.« Denke jedoch daran: Du bist an einem Bewusstseinspunkt, wo du gar nichts Falsches machen kannst. Wirklich nicht. Das ist alles nur Teil des Lebens. Es ist einfach eine Erfahrung.

Leg dieses Buch nun zur Seite und unternimm einen kleinen Spaziergang ringsherum in deinem Zimmer. Schenke dir selbst ein echtes Erlebnis, wie es ist, als Meister zu gehen.

Du wirst feststellen, dass sich gleich ein paar Dinge zeigen werden, selbst wenn du jetzt nur so tust als ob. Du gehst ein bisschen aufrechter, ein wenig gerader und größer. Mit etwas mehr Bewusstsein, als wenn du so wie sonst durch die Gegend schlurfst. Wenn du das in der Gegenwart anderer Menschen machst, merkst du, dass es auch zu mehr Augenkontakt mit ihnen kommt. Du merkst, dass dir Dinge jetzt plötzlich viel leichter fallen, die sonst eher etwas bedrohlich oder einschüchternd gewesen wären. Das wirkt anfangs unter Umständen etwas befremdlich, aber macht dann auch Spaß. Die Art, wie die Energie einfließt, ist eine ganz andere, wenn du wie ein Meister gehst. Auch wenn du das nur vortäuschst, wird der Energiefluss anders sein.

Es wird ganz real, wenn du dich dafür öffnest. Geh nun wirklich hinaus und schreite eine Zeit lang wie ein Meister. Erlaube dir, es zu spüren, es wirklich zu tun. Beobachte, wie sich das anfühlt, wie Menschen darauf eingehen, wie sich das Leben um dich herum anfühlt. Bemerke den Unterschied, wenn du wie ein Meister gehst.

Vielleicht möchtest du das als Erstes draußen in der Natur ausprobieren. Da geht es leicht, ganz offen wie ein Meister spazieren zu gehen, weil du weißt, dass die Bäume dir deine Energie nicht rauben werden und der Boden dich nicht verschlingen wird. Die Natur ist eine harmonische Umgebung. Wenn du dein Bewusstsein an einem Ort wie einer Einkaufsmeile oder an einem Bahnhof öffnest, kann das anfangs ein bisschen schmerzhaft sein. Denn da taucht unter Umständen die Sorge auf, dass die psychische Energie anderer Menschen dich vielleicht angreifen könnte. Sie wird es nicht tun. Sie könnte es versuchen, sie könnte ein bisschen herumspielen, aber am Ende wird sie das nicht tun. Du wirst vielmehr entdecken, dass die Energie der anderen Menschen, ihr Bewusstsein, dich sogar achten wird. Sie werden dich bewundern.

Wenn du wie ein Meister gehst, öffnen sich die Sinne. Du siehst mehr, hörst mehr und spürst mehr. Alles öffnet sich, wenn du das möchtest.

Wenn du dir erlaubst, richtig in die Rolle einzusteigen und wie ein Meister zu gehen, verändert sich deine Atmung. Sie wird ein wenig tiefer, ein bisschen bewusster. Wenn du wie ein Meister agierst und gehst, wirst du buchstäblich mehr Sauerstoff aufnehmen. Dein Körper wird mehr Lebenskraft bzw. Lebensenergie absorbieren, als wenn du nur wie ein begrenzter Mensch herumläufst und handelst. Du öffnest dich tatsächlich und erlaubst, dass mehr Energie in deinen physischen Körper gelangt.

Wenn du das tust, wird erst mehr und mehr kosmische Energie, dann Kristallenergie und schließlich deine innerste Energie einfließen. Du wirst feststellen, dass du nicht mehr so viel Energie aus Dingen wie Nahrung oder Sonnenlicht ziehen musst, aber wenn du daran teilhast, wird dein Körper wissen, wie er sein Gleichgewicht bewahrt.

Wenn du wie ein Meister gehst, beginnst du damit, wie ein Meister zu atmen. Bislang ist deine Atmung meistens flach, und der Körper nimmt nur gerade das auf, was er braucht, um durchzukommen. Wenn du wie ein Meister gehst, wird sich dein Körper und sogar die Luft um dich herum entsprechend darauf einstellen. Du nimmst mehr auf und dein Körper absorbiert buchstäblich mehr von den Energien, die mit der Luft herbeikommen. Du wirst nicht so müde sein, der zusätzliche Sauerstoff klärt das Gehirn und das Denken, und es fällt dann sogar noch leichter, wie ein Meister zu gehen.

Spiele damit. Geh wie ein Meister, wo du auch gerade bist. Achte auf den Unterschied in deiner Atmung und darauf, wie du dich fühlst. Iss wie ein Meister. Oh, diese Meister, sie können eine Menge essen! Erlebe den Unterschied in deiner Wahrnehmung von allem – die Düfte und Geschmäcker, die Geräusche um dich herum, was du machst, wie du dich fühlst –, einfach alles.

Schreite in deinem Akt des Bewusstseins, in deinem Meisterspiel, in deiner Rolle auf der Bühne des Lebens auch wirklich wie ein Meister, wie eine Meisterin.

Was auf der Erde vor sich geht

Die Augen der Schöpfung schauen von überall im Kosmos zu, sowohl in den physischen als auch in den nichtphysischen Dimensionen. Eure Engelfamilien beobachten, was jetzt auf der Erde geschieht. Du, als ein Anführer deiner Engelfamilie, bist zu diesem Ort, der Erde, gekommen, du hast ihr Lebenskraft eingeflößt und bist hineingetaucht. Jetzt schaut deine Engelfamilie zu, um zu sehen, wie es dir ergangen ist, ob du dich wirklich an deinen Engelsursprung erinnern kannst, und um zu sehen, ob du eine innige und liebevolle Beziehung zur Herrlichkeit deines ICH-BIN-Erbes aufrechterhalten wirst.

Von überall in der Schöpfung beobachten beseelte Wesen, um mitzuerleben, wie die Menschheit mit den Themen Energie und Freiheit umgeht und klarkommt.

Die Menschen lernen endlich etwas über Energie. Es sieht wie eine Krise aus, ein echte Energiekrise mit euren Brennstoffvorräten. Aber in Wahrheit geht es darum zu lernen, wie man mit Energien arbeitet, wie man sie hervorbringt und wie man es anstellt, dass sie euch dienen.

Die Menschen arbeiten auch am Thema Freiheit. Im Zustand eines begrenzten Bewusstseins gibt es nur sehr wenig Freiheit. In einem hypnotischen mentalen Zustand steckt sehr wenig Freiheit. Aber jetzt verändert sich etwas. Menschen überall auf der Erde sprechen von Freiheit, randalieren sogar für Freiheit. Es gibt viele, wie dich selbst, die aufwachen und dadurch beginnen, die Bedeutung von Souveränität und Freiheit in ihrem Leben zu erkennen. Sie möchten Freiheit, nicht nur von Regierungen und Unternehmen, sondern echte Freiheit in sich selbst. Erwachende Menschen wie du streben nach Freiheit von begrenzten Glaubenssätzen, alten hypnotischen Überlagerungen, mentaler Programmierung und der Vergangenheit.

Ja, die Augen des Universums beobachten tatsächlich, was hier auf der Erde vor sich geht.

Ihr werdet eine neue Periode von gesteigerter Aktivität anderer Wesen erleben, von Wesenheiten aus weit entfernten Orten und Dimensionen. Das heißt nicht, dass sie hier in ihren Raumschiffen auf der Erde landen. Sie projizieren sich auf andere Weise hierher als mithilfe von Metallraumschiffen, aber es wird eine verstärkte außerirdische Aktivität geben, weil sie sich wundern: »Was ist los mit den Menschen? Wofür entscheiden sie sich?«

Diese anderen Wesenheiten sind von dem fasziniert, was ihr Liebe nennt. Liebe wurde auf diesem Planeten zum ersten Mal erlebt und sie sind neugierig. Sie fragen sich, ob sie im physischen Körper steckt oder im Geist, aber so sehr sie auch prüfen und erforschen, so können sie Liebe doch nicht finden. »Was ist sie? Woher kommt sie? Wie haben Menschen sie erschaffen und wie erleben sie Liebe?«

Sogar Spirit hat Liebe nicht gekannt, bevor ihr als Menschen sie nicht erlebt habt. Liebe ist das Geschenk der Menschheit an die gesamte Schöpfung.

Diese Wesen von anderen Orten wundern sich, wie es sich anfühlt, so tief in die Dichte und Kompaktheit der physischen Realität einzutauchen, dass du vergisst, wer du bist. Sie fragen sich, wie ihr aus dieser Dichte der Erde wieder ganz allein herauskommen könnt, ohne irgendeine Hilfe von außen.

Also schauen sie zu und beobachten sehr genau, was ihr durchmacht. Ich sage euch das, damit ihr die Bedeutung dessen begreift, was ihr macht. Selbstverständlich tut ihr das für euch selbst, aber das hat gewaltige Folgen für den Rest der Schöpfung. Ihr geht durch diese Erfahrung für euch selbst, aber was ihr tut, was ihr erlebt und wie ihr euch selbst erkennt, hat weitreichende Konsequenzen.

Ihr seid nicht mehr Energieträger, Energiehalter oder Energiebewahrer, sondern Bringer der Neuen Energie. Ihr seid nicht mehr hier, um die Energien der Erde im Gleichgewicht zu halten. Da gibt es andere, die diese Rolle übernommen haben, die das jetzt erledigen. Du bist ein Bringer der Neuen Energie, ein Übermittler, eine Übermittlerin des neuen Bewusstseins.

Das ist manchmal eine sehr einsame Reise. Bisweilen möchte der menschliche Verstand in Aktion treten und sagen: »Ich muss etwas *tun*, um den Planeten zu retten.« Aber das tut ihr bereits. Durch das, was ihr tut, durch diese Leidenschaft für das Erwachen, während ihr die menschliche Erfahrung macht, bringt ihr diesem Planeten neue Potenziale.

Es ist erstaunlich, absolut *quantenverblüffend*. Und ich weiß, dass es Zeiten gibt, in denen ihr das nicht realisiert oder begreift. Es gibt Zeiten, da ihr denkt, ihr würdet scheitern – besonders dann, wenn die Außenwelt nicht das widerspiegelt, was im Inneren wirklich vor sich geht. Ihr macht jedoch riesige Fortschritte.

Höre diese Worte und nimm sie auf:

Du bist ganz genau dort, wo du sein solltest;
keinen Moment zu früh
und keinen Augenblick zu spät.
Alles ist gut und in Ordnung.

Die letzte Schlacht

Ich werde bei jedem Schritt des Weges in eure Erleuchtung bei euch sein. Versteh das bitte richtig: Du machst das ganz für dich selbst, aber ich werde dich bei jedem Schritt begleiten.

Es sind freudige Schritte für mich und ich weiß, dass es manchmal fordernde und schwierige Schritte für dich sind. Aber ich werde bei dir sein.

Meine Botschaft am Ende dieses Buchs ist kurz und einfach: Die letzte Schlacht ist geschlagen. Der Krieg ist endlich vorbei. Die Kämpfe haben in dir selbst stattgefunden, in dem Krieg ging es um Dualität, Selbstwahrnehmung, Eigenannahme und Selbstliebe. Aber die Konflikte sind jetzt vorbei und erledigt.

Wie nach dem Ende eines jeden Kampfes oder Krieges setzt nun eine Regeneration ein, eine Erneuerung. In der Landschaft dieser Realität müssen Dinge wieder aufgebaut, Energien gelöst, Tränen vergossen, Erinnerungen zugelassen und gefühlt werden. Aber wie bei allen Schlachten, wenn sie endlich vorbei sind, erneuern und verjüngen sich die Felder wieder von selbst. Die Bäume erwachen wieder zum Leben. Der Himmel reißt auf, damit man wieder die Sonne und das unendliche Blau sehen kann. Der Rauch verzieht sich.

So war es auch mit deiner Erfahrung als ein Mensch auf diesem Planeten, einer Erfahrung, die dich tief in den »Akt des Bewusstseins« geführt hat, tief in das »Spiel des Meisters«, in das Erleben von Sein, tief in das wesenhafte Dasein, in das Vergessen, wer du wirklich bist. Eine Erfahrung, welche diese Kriege im Inneren verursacht hat, als du anfingst, aus ihr aufzutauchen. Aber jetzt gehören sie der Vergangenheit an.

Diese Schlachten haben dir erstaunliche Einsichten und wesentliche Erkenntnisse vermittelt über das *ICH BIN WAS ICH BIN*. Sie haben deiner Seele enorme Weisheit gebracht. Und jetzt sind sie vorbei.

Jetzt betrittst du dein neues Leben – ein Leben als ein Wesen des Friedens, als ein Wesen, das weiß, wie Energien zu nutzen sind, das sich auf Mitgefühl für sich selbst und Mitgefühl für alle anderen versteht.

Du trittst in ein Leben ein, das von Reichtum, Selbstliebe, Gesundheit und Klarheit erfüllt wird.

Du gehst in ein Leben, das du dir selbst wählst und das dir nicht von anderen Wesen diktiert wird – von Menschen oder anderen.

Du trittst in ein Leben ein, das von Anmut erfüllt ist, in das Leben eines Meisters, der den Energien erlaubt, ihm zu dienen. Dies ist die Definition von Anmut und Gnade: den Energien zu erlauben, dir endlich zu dienen.

Die Menschheit befindet sich in der Ära der Neuen Energie. Wir haben über die Energien deines innersten Kerns gesprochen, die deiner Seele und deinem Bewusstsein am nächsten sind. Wir haben die Kristallenergien behandelt, diese Energien, welche große Schönheit und Majestät hervorbringen. Wir haben die kosmischen Energien erwähnt, die aus allen Orten und Ebenen hinein in die physische Schöpfung kommen. Und wir haben die Erdenergien angesprochen, mit denen ihr schon so sehr lange herumgespielt habt.

Jetzt geht es um eine weitere Energie, die zu betrachten ist, und das ist die Neue Energie. Diese Neue Energie kommt nicht aus dem Speicher oder Vorratsbecken der alten Energien. Sie ist wirklich neu. Sie verbindet euer Bewusstsein und eure Energie zu einem einzigen Element. Bewusstsein und Energie sind bisher immer getrennt gewesen. Aber jetzt, in dieser neuen Ära, können sie zu etwas Großartigem und Neuem zusammengefügt werden.

Ihr habt Energie aus dem Verlangen eures Bewusstseins erschaffen und sie dann von euch getrennt. Aber nun bringt ihr beide wieder zusammen, integriert und verschmolzen in eine einzige Essenz. Ihr bringt sie in euer Alltagsleben, in euer Herz. Ihr bringt sie auf diesen Planeten, damit andere Menschen ihre eigene einbringen können, wenn die Zeit dazu für sie reif ist. Ihr bringt sie herbei, wie ihr auch jede andere Energie in euer Leben bringt, einfach mit dem Atem und dem Akt des Bewusstseins.

Die Neue Energie gehört euch ganz und wie das Bewusstsein kann auch sie nie verdorben werden. Sie kann nie von einem anderen weggenommen werden. Sie kann nie ausgelöscht werden. Sie ist die Kristallflamme, die immerzu brennt und immer die deine ist.

Schau an, was du in dein Leben gebracht hast. Ja, der Weg war schwierig, aber auch von unglaublichen Erfahrungen und von einer Tiefe erfüllt, welche wenige andere Engel je machen werden. Betrachte all das, was du in dieses, dein neues Leben gebracht hast – Weisheit, Liebe, Mitgefühl und tatsächlich auch Neue Energie. Neue Energie, in der Energie und Bewusstsein verschmolzen sind.

Und das kommt nicht von Spirit, nicht einmal aus dem großen Energiefeld, sondern das ist etwas, das ihr für euch selbst erschaffen habt.

Schreite voran, ob es ein Akt ist, ein Rollenspiel oder nicht, mit Liebe in deinem Herzen für dich selbst. Geh voran als Lehrerin, als Dichter, als Künstlerin, als Ingenieur oder als das, was du auswählst. Schreite voran und erlaube dir, wie die aufgestiegenen Meister, die jetzt zur Erde zurückkommen, das Leben zu genießen. Gewähre dir selbst viele lange Jahre auf diesem Planeten, Jahre voller Fülle, voller Gunst und Anmut und Ehre.

Geh voran und atme diese Energien ein, atme diese Neue Energie ein, die ihr erschaffen habt.

Ergreife den Augenblick während dieser letzten Seiten, um all das zu betrachten, was du getan hast, all das, was du gegeben hast – und nun all das, was du empfängst.

Ich bin Adamus Saint-Germain, in liebevollem Dienst für euch.

Anhang

Über Saint-Germain

Saint Germain, der manchmal auch Meister Rakoczi genannt wird, ist ein spiritueller Meister der alten Weisheit, dem mystische Kräfte und Langlebigkeit zugeschrieben werden. Er wird auch als die historisch gesicherte Persönlichkeit des Grafen von St. Germain identifiziert (1710–1784), der im 18. Jahrhundert in Europa herumreiste und an mehreren Orten Zeit verbrachte und in vielen Mysterienschulen jener Zeit aktiv war. Er nahm diesen Namen als eine französische Fassung des lateinischen Begriffs *Sanctus Germanus* an, was »Heiliger Bruder« bedeutet. Saint-Germain lehrt, dass die höchste Alchemie in der Transformation des menschlichen Bewusstseins in die Göttlichkeit des Höheren Selbst besteht.

2005 kam Saint-Germain zur Crimson-Circle-Organisation (www.crimsoncircle.com) als Gast von *Tobias*, einem weiteren aufgestiegenen Meister, der ebenfalls von Geoffrey Hoppe gechannelt wurde. Saint-Germain übernahm die Rolle des Vermittlers der Lehren und die geistige Führung für den Crimson Circle, als Tobias sich im Juli 2009 zurückzog, um sich wieder auf der physischen Ebene zu inkarnieren.

In seiner Arbeit mit dem Crimson Circle bezeichnet sich Saint-Germain selbst als *Adamus Saint-Germain*, um seine aktuellen Lehren, die sich auf den verkörperten Aufstieg beziehen, von seiner früheren Arbeit und früheren Channelings zu unterscheiden. *Adamus* ist eine einzigartige Facette von Saint-Germains Überseele.

Er pflegt einen provokanten, unterhaltsamen Stil und bietet tiefe Einsichten. Sein besonderes Anliegen und seine Leidenschaft sind, jenen beizustehen, die sich eindeutig für die verkörperte Erleuchtung in diesem Leben entschieden haben – aber sich nun mit unzähligen Ablenkungen und Zweifeln konfrontiert sehen, die auf die enorme mentale Fokussierung und Programmierung zurückzuführen sind, verbunden mit der Dumpfheit des Massenbewusstseins.

Über den Crimson Circle

Der *Crimson Circle* ist eine globale Verbindung erwachter menschlicher Engel, die sich für die Evolution des Bewusstseins einsetzen und in wahrem Mitgefühl leben. Menschen, die sich dem Crimson Circle verbunden fühlen (und sich dann gern als »Shaumbra« bezeichnen), haben ihre eigene Göttlichkeit erkannt und streben danach, sie in ihrem Leben zu verkörpern, indem sie als bewusste Schöpfer wirken und alle ihre Aspekte (oder »dissoziierten« Selbstanteile) integrieren.

Der Crimson Circle ist die irdische Manifestation des *Crimson Council,* eines Engel-Lehrordens, der sich dem Wachstum und der Entfaltung *All Dessen Was Ist* geweiht hat. Diesem Orden gehören Tobias, Adamus Saint-Germain und Kuthumi lal Singh an.

Was der Crimson Circle lehrt:

- Du bist auch Gott und Schöpfer deiner Wirklichkeit und Erfahrungen.
- Jedes Wesen ist genau dort, wo es auf seiner Reise sein soll.
- Erkenntnis und Annahme, dass alles in göttlicher Ordnung ist.
- Alles ist wahrhaft gut überall in der Schöpfung.

Über die Autoren

Geoffrey Hoppe

Geoffrey A. Hoppe wurde in Appleton, Wisconsin, als drittes von sieben Kindern einer katholischen Familie geboren. Nach dem Abschluss der Highschool 1973 trat er in die US-Army ein. Er gehörte der *National Aeronautical Space Administration an,* wo er zweieinhalb Jahre als Public Information Specialist am NASA/Ames-Forschungszentrum in Mountain View, California, arbeitete. Hier wurde sein Interesse an Spiritualität und Metaphysik geweckt, nachdem er einen Freund »zum Spaß« hypnotisiert hatte. Im Trancezustand begann der Freund von früheren Leben zu erzählen. Nach diesem Erlebnis widmete sich Geoffrey Hoppe einige Jahre lang dem Studium von Metaphysik und Religion.

Die Anforderungen seines Berufes brachten es mit sich, dass Geoffrey Hoppe seine spirituellen Studien zwanzig Jahre lang brachliegen ließ. Er arbeitete für mehrere Werbeagenturen und Produktionsfirmen im Mittleren Westen und in Texas, später auch in höheren Positionen. Im Alter von 28 Jahren baute er ein Marketing-Beratungsunternehmen mit internationalen Kunden aus Industrie und HighTech in Dallas, Texas, auf und führte den Betrieb zwölf Jahre lang. Außerdem gründete er mit Partnern einige Unternehmen, unter anderem eine Telekommunikationsfirma für die Luftfahrt, in der er bis 2001 als stellvertretender Verkaufsleiter tätig war. Geoffrey Hoppe hält zwei US-Patente und ein internationales Patent für Telekommunikationstechnologie sowie zahlreiche eingetragene Warenzeichen und Copyrights.

Seine spirituelle Reise erfuhr 1995 eine Wiederbelebung, als ihm das Kryon-Buch *Das Zeiten-Ende* von Lee Carroll in die Hände fiel. Nach mehreren mystischen Erfahrungen nahm er Kontakt zu Lee Carroll auf. Bald darauf wurden die beiden Freunde und Geschäftspartner. Der aufgestiegene Meister Tobias erschien Geoffrey Hoppe zum ersten Mal 1997 während einer Flugreise. Geoffrey hatte nie in der Bibel gelesen und war weder mit Tobias noch mit dem »Buch Tobit« im Alten Testament vertraut. Er erfuhr erst später von der biblischen Tobias-Geschichte. Tobias und Geoffrey Hoppe führten nahezu ein Jahr lang Gespräche miteinander, bevor Geoffrey Tobias auch vor anderen Personen channelte.

In den nächsten anderthalb Jahren zog Geoffrey jeweils einen Psychologen unterstützend hinzu, wenn er private Sitzungen mit Klienten abhielt, die offen für spirituelles Wachstum waren. Tobias verschaffte ihnen tiefe Einblicke in ihre vergangenen Leben und in ihre gegenwärtigen Herausforderungen. Aufgrund der Erfahrungen, die er in der Arbeit mit zahlreichen Klienten gemacht hatte, fühlte sich Geoffrey Hoppe mit der Energie und der Präsenz von Tobias zunehmend wohl.

1999 gründeten er und seine Frau Linda den Crimson Circle, der rasch eine internationale Wirkung entfaltete mit Hunderten von lokalen Studiengruppen und über 300.000 Webseiten-Besuchern pro Monat sowie zahlreichen nichtenglischen Webseiten.

Linda Benyo-Hoppe

Schon in der Highschool lernten sich Linda Benyo und Geoffrey Hoppe kennen und lieben. Linda arbeitete nach ihrem Collegeabschluss einige Jahre als Lehrerin. Linda hat auch langjährige Erfahrung als Einkäuferin für ein internationales Textilunternehmen, für das sie vor allem im Fernen Osten tätig war. Sie heirateten 1977 und sind seither sowohl Lebens- als auch Geschäftspartner.

Linda und Geoffrey Hoppe leben in den Bergen außerhalb von Golden, Colorado, wo sie den Crimson Circle sowie ein Beratungsunternehmen für Marketing und Publikation leiten.

Andere Bücher

Die Meister der Neuen Energie: *Weisheit und Inspiration für eine Welt im Wandel.*
Adamus Saint-Germain, gechannelt von Geoffrey und Linda Hoppe. Heyne Verlag / Random House München 2015
Das Grundlagenbuch zur Energie der neuen Zeit und zu den Schritten des Erwachens. Klar auf den Punkt gebracht und geeignet, um ein ganz neues Menschenbild und Weltbild zu erlangen.

Lebe deine Göttlichkeit! *Spirituelle Impulse für das neue Bewusstsein.*
Adamus Saint-Germain, gechannelt von Geoffrey und Linda Hoppe.
Ansata Verlag / Random House München 2011
Das Praxisbuch mit zahlreichen wirkungsvollen Übungen, um das eigene göttliche Potenzial zu erkennen und zu nutzen. Eine Anleitung, die innere Meisterschaft auch im äußeren Leben zu verwirklichen.

Wir sind Engel auf Erden. *Unsere Reise ins erwachte Bewusstsein.*
Die Schöpfungsgeschichte nach Channelings von Tobias.
Ansata Verlag / Random House München 2013

Dieses Buch beschreibt, wie aus *Allem Was War* individuelles Bewusstsein entstand und wie diese bewussten freien Wesen sich auf den Weg der Entfaltung zu einer neu erlebten Göttlichkeit und in eine neue, größere Einheit begeben haben. Ein Buch über uns selbst!

Ich bin im Jetzt: *Spirituelle Lebensweisheit.*
Crimson Circle Aufstell-Kalender mit Botschaften von Tobias, Adamus und Kuthumi lal Singh.
Ansata Verlag / Random House München 2012
Inspirierende Botschaften der Geistigen Welt – für jeden Tag des Jahres. Das Göttliche ist keine ferne Kraft, es geht darum, es in unserem Leben zu erkennen und ihm Raum zu geben. So erhalten wir einen Schlüssel, um unsere Wirklichkeit lichtvoll zu gestalten. Die eindrucksvollen Illustrationen jedes Kalenderblatts wurden speziell für den jeweiligen Tag geschaffen.

Kontakt

Englische Webseite: www.crimsoncircle.com
Dort gibt es auch Hinweise auf internationale Workshops mit dafür ausgebildeten Lehrern und Webseiten in anderen Sprachen.

Die deutschsprachige Webseite ist:
www.crimsoncircle.com/International/DeutschGerman.aspx
Auf diesen Webseiten findet man auch eine Fülle an kostenlosen Materialien, Texten und Audio- bzw. Videobotschaften.

Die Autoren führen monatliche Channel-Abende durch, die live (und kostenfrei) im Internet als Video und als Audio übertragen werden.

Sie bieten Seminare und Ausbildungen an zu den Themen ERWACHEN, NEUE ENERGIE und NEUES BEWUSSTSEIN mit Channel-Botschaften von Adamus Saint-Germain und Kuthumi; in Zukunft vielleicht auch von anderen Geistführern.

Geoffrey und Linda Hoppe leiten MYSTIC TOURS; bisher u.a. nach Ägypten, Malta, Frankreich und England.